키르케고르 실존 극장
KIERKEGAARD FOR BEGINNERS

키르케고르 실존 극장
KIERKEGAARD FOR BEGINNERS

도널드 파머 지음 | 정영은 옮김

P 필로소픽

일러두기

본문에서 밑줄 친 용어들은 136~144쪽의 〈용어 해설〉에 상세히 설명되어 있습니다.

키르케고르 실존극장
KIERKEGAARD FOR BEGINNERS

도널드 파머 지음 | 정영은 옮김

목차

> Abraham was greater than all, great by reason of his power whose strength is impotence, great by reason of his wisdom whose secret is foolishness, great by reason of his hope whose form is madness, great by reason of the love which is hatred of oneself.

1. 키르케고르는
누구인가?

쇠렌 키르케고르

(Søren Kierkegaard, 1813–
1855)는 42년이라는 짧은 생
을 살았다. 그 기간 동안 무려
25권이 넘는 저서를 남겼는데,
키르케고르의 사후 사람들에
게서 잊혀갔다.

그러다 20세기에 다시
조명을 받으며 유럽 사상
계에 혁명을 일으켰고,
추후 실존주의로 알려
지게 된 철학의 탄생으
로 이어졌다.

어릴 때부터
글을 썼거든요!

EXISTENTIALISM

키르케고르는 누구이며
그의 주장은 무엇인가?

어떻게 보면 많은 사람들이 키르케고르의 저서를 읽는다는 건 꽤나 놀라운 일이다. 그가 쓴 책들은 키르케고르 자신과 아버지, 그리고 여자 친구에 대한 내용이 전부이기 때문이다.

우선 쇠렌 키르케고르의 아버지인 미카엘 키르케고르에 대한 이야기부터 시작해 보자.

미카엘 페데르센 키르케고르는 척박한 덴마크 북유틀란트 지방에서 태어나 찢어지게 가난한 어린 시절을 보냈다. 지긋지긋한 가난에 절망하던 소년 미카엘은 어느 날 양 떼를 몰고 나간 황무지 한가운데에서 하늘을 향해 작은 주먹을 쳐들고 신을 저주하기에 이르렀다. 이것은 미카엘이 어려서부터 자라온 <u>루터교 경건주의</u> 사회에서는 심각한 불경죄에 해당하는 행동이었다.

청년이 된 미카엘 키르케고르는 코펜하겐으로 상경했고, 얼마 안 되는 돈을 상당한 규모의 재산으로 불리는 데 성공했다. 성공한 그는 다양한 책을 읽으며 영향력 있는 사람들과 친분을 쌓아갔다.

11

쇠렌 키르케고르는 1813년 5월 5일 코펜하겐에서 7남매의 막내로 태어났다. 어머니 아네룬 키르케고르는 쇠렌의 나이 많은 아버지가 들인 두 번째 부인이자, 병석에 누워 있던 첫 번째 부인의 마지막을 돌본 하녀이기도 했다.

첫 번째 부인이 병석에서 보낸 마지막 몇 달간 키르케고르의 아버지와 하녀였던 그의 어머니 사이에 부적절한 성관계가 있었음을 암시하는 내용이 남아 있다. 키르케고르의 아버지는 이 죄, 혹은 또 다른 죄(아마도 어린 시절 신을 저주한 죄)를 의식하여 자신이 신을 모독했다는 생각에 병적으로 시달렸으며, 그 결과 종교적 회개에 광적으로 집착하는 사람이 되었다.

어찌 보면 어린 시절의 쇠렌 키르케고르는 아버지의 지나친 독실함이라는 제단에서 희생을 강요받았다고 볼 수 있다. 정확히 말하자면 실제로 희생된 것은 아니고 거의 희생되기 직전까지 간 것이긴 하지만 말이다. 이는 성경에서 어린 이삭이 아버지인 아브라함의 제단에서 **거의** 희생될 뻔한 이야기와 닮아 있다.

그런 의미에서 키르케고르가 평생 아브라함과 이삭의 이야기에 사로잡혔던 것은 결코 우연이 아니다. 이 이야기는 성인이 된 키르케고르의 행동에도 적지 않은 영향을 미쳤다.

예를 들어 키르케고르는 자신의 '평범함'이 종교적 제단에서 희생되었다고 믿었어. 그는 자신의 사명, 특히 종교적 사명을 완수하기 위해서는 다른 사람들과 같은 삶을 살아서는 안 된다고 믿었지. 결혼을 하거나 자녀를 갖고 정상적인 가정생활을 영위하며 직업을 갖는 것이 불가능하다고 생각한 거야.

미카엘 키르케고르는 자신의 죄와 종교에 광적으로 집착했다. 하지만 그러한 가운데에도 쇠렌의 천재성을 알아보고 이를 키워나가기 위해 노력했다. 학교에 다니지 않았지만 독학으로 공부하여 박학다식했던 미카엘은 어린 쇠렌의 교육을 직접 담당했다.

…그리고 주교께서 이렇게 말씀하셨고…

코펜하겐의 여러 엘리트를 초대하여 저녁 식사를 할 때면 쇠렌에게 식사 자리에서의 대화를 유심히 듣게 하고는, 손님들이 모두 돌아간 후 각각의 손님이 앉았던 자리에 앉아 그들이 말했던 의견을 다시 복기하게 하는 훈련을 하기도 했다.

저건 뭐지?

음… 에펠탑이요.

말도 안 돼. 그건 아직 지어지기 전이라고.

지리 교육을 할 때는 거실을 걸으며 머릿속으로 외국을 상상하게 하고 눈에 '보이는' 명소의 이름을 대도록 했다. 또한 아들을 라틴어 학교에 보내며 **3등** 성적표를 가져오라는 까다로운 주문을 한 적도 있었다.

2 3 4
천재인 아이가 1등을 하는 것은 그리 어렵지 않다. 하지만 3등이 되기 위해서는 나머지 학생들의 심리까지도 읽을 수 있어야 한다. 즉, 학교에서 두 번째와 네 번째로 공부를 잘하는 학생을 알아내어 둘 사이의 성적을 얻어야만 하는 것이다.

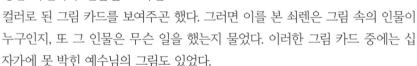

어린 시절 키르케고르가 아버지에게서 받은 '기독교의 훈련' (키르케고르의 저서 제목 중 하나)은 아주 혹독했지. 현대 아동심리학자들이 봤다면 기겁을 했을 거야.

그뿐만 아니라 쇠렌의 아버지는 말을 탄 나폴레옹이나 사과를 겨누는 윌리엄 텔 등 유명한 사건이나 인물을 묘사한 컬러로 된 그림 카드를 보여주곤 했다. 그러면 이를 본 쇠렌은 그림 속의 인물이 누구인지, 또 그 인물은 무슨 일을 했는지 물었다. 이러한 그림 카드 중에는 십자가에 못 박힌 예수님의 그림도 있었다.

그림을 본 쇠렌은 "이 분은 누구예요? 무슨 일을 한 거죠? 사람들이 왜 이 분한테 이런 나쁜 짓을 한 거예요?"라고 물었다. 쇠렌의 아버지는 "이 분은 세상을 구원하신 구세주시다. 그런데 자신이 구한 사람들의 손에 돌아가셨지"라고 답했다.

수년 후, 키르케고르는 자신의 어린 시절을 회상하며 이런 글을 남겼다. "어린 시절, 나는 엄숙하고 엄격한 기독교적 환경에서 성장했다. 일반적인 인간의 기준에서 보자면 도무지 말도 안 되는 양육법이었다."

어릴 때부터 애늙은이로 키워졌달까.

성경에는 이런 구절이 있다.

**"아버지의 악행을
자손까지 보응하리라."**

키르케고르 일가는 이 구절을 최대한 비관
적인 의미로 해석했다. 아버지인 미카엘 키
르케고르가 지은 죄의 대가로 일곱 자녀가
모두 아버지보다 먼저 세상을 떠나리라 생
각한 것이다. (성경에서 7이라는 숫자가 지
니는 신비로운 상징성 또한 떠올려보자.)
실제로 형제자매들이 하나씩 세상을 떠났
고, 결국에는 쇠렌과 형인 페테르만 남게
되었다. 1838년 8월 9일 새벽 2시, 여든둘
의 나이로 아버지가 돌아가시자 키르케고
르는 깜짝 놀라고 말았다. 자신이 아버지
보다 먼저 죽을 것이라 생각했기 때문이다.
늘 자신이 요절하리라 믿었던 그는 제대로
된 삶의 계획도 세워놓지 않은 상태였다.
키르케고르가 처음 출간한 저작물의 제목
은 《살아남은 자의 메모》였다.

"Papers from One Surviving"

$음$울한 과거에서 어느 정도 해방된 키르
케고르가 처음 한 일은 바로 사랑과 약혼이
었다. 키르케고르가 약혼녀인 레기네 올센
에게 접근하여 그녀의 마음을 얻게 된 얘기
를 읽은 사람들은 대부분 그의 방식을 탐탁
지 않게 생각한다. 스물한 살의 키
르케고르가 레기네를 처음 만났
을 때 그녀의 나이는 열네 살로, 정
식으로 청혼을 받을 수 있는 열
일곱 살이 되려면 3년을 기다려야 했다. 키르케고르
는 그 3년을 레기네 가족의 환심을 사고 그녀에 관
한 모든 것을 알아내는 데 사용했다. 그리고 결국
레기네의 미적 취향에 영향을 줄 수 있을 만큼
그녀와 가까운 사이가 되었다. 심지어 그녀의 남
자친구였던 프리츠 슐레겔에게 접근하여 둘의
사이를 방해하기도 했다.

키르케고르가 훗날 가명으로 집필한 소설
《유혹자의 일기》는 여성의 동작 하나하나
를 분석하여 그녀를 유혹하는 한 남성의 이
야기이다. 독자들의 눈에는 여성이 이 남성
에게 넘어갈 게 처음부터 뻔히 보인다. 유혹
자의 계획이 그만큼 빈틈없기 때문이다. 레
기네의 마음을 얻으려는 키르케고르의 계획
또한 그에 못지않게 치밀했다. 그 치밀함을
아는 사람들은 레기네가 제대로 생각도 해
보기 전에 키르케고르의 덫에 걸렸다고 느
꼈을 것이다. 키르케고르는 레기네가 열일곱
살이 되자 바로 고백했고, 예상대로 그녀의
마음을 얻었다. 곧 약혼 파티가 열렸고, 이들
의 약혼 소식이 공식적으로 발표되었다.

자신의 승리에 기뻐하던 키르케고르는 곧 안정적인 부르주아 사회의 일원으로 자리 잡을 것처럼 보였다. 그러나 그는 아무에게도 이유를 밝히지 않은 채 어느 날 갑자기 레기네에게 파혼을 통보하고 만다. 키르케고르는 자신의 일기에 그 이유를 "신께서 결혼을 반대했기 때문"이라고 밝혔다. 비탄에 빠진 레기네는 그에게 돌아오라고 애원했다. 그녀의 아버지 또한 체면 따위는 접어놓은 채 딸을 다시 받아달라고 간청했지만, 키르케고르는 요지부동 차갑게 굴 뿐이었다. 한편 그 시기 코펜하겐의 수상한 지역에서 어슬렁거리는 키르케고르의 모습이 목격되었다.

그는 곧 덴마크를 떠나 베를린으로 갔다. 그리고 대학에 다니며 저명한 학자였던 셸링 교수의 헤겔 철학 강의를 듣게 된다. 당시 키르케고르와 함께 수학한 이들 중에는 프리드리히 엥겔스, 루트비히 포이어바흐, 미하일 바쿠닌 등 쟁쟁한 인물들이 있었다. 훗날 유럽 사상계에 큰 영향을 미치게 된 이들이다.

키르케고르는 학기를 마치고 코펜하겐으로 돌아왔다. 그러나 교회에서 마주친 레기네가 자신에게 고개를 까딱해 보이는 모습을 본 것 같다는 이유로 다시 황급히 베를린으로 도망가 버렸다. 베를린에서 두 번째 체류한 기간 동안 키르케고르는 최고의 역작 중 하나인 《두려움과 떨림》을 집필했다. 아브라함과 이삭에 대한 이야기를 담은 이 책에는 레기네를 향한 비밀 메시지도 담겨 있었다.

그는 책에서 아브라함과 이삭의 이야기에 관한 다양한 해석을 소개했다. 그중 하나는 바로 아브라함이 이삭을 제물로 바치러 가면서도 이삭에게 모든 것이 신의 명령에 따른 것이라는 사실을 끝까지 숨기려 했을 수도 있다는 해석이다. 이 해석에 따르면 아브라함은 이삭을 죽이려 바닥에 내던지는 순간, 아브라함 자신이 우상 숭배자이며 살인을 즐기는 살인자라고 거짓말을 한다. 아들이 숨을 거두는 순간까지 신이 아닌 자신을 원망하도록 하기 위해서였다. 키르케고르가 레기네에게 차갑고 비열하게 군 것도 같은 이유일 수 있다. 잃어버린 사랑으로 말미암은 원망을 신이 아닌 키르케고르 자신에게 향하게 하기 위해서 말이다.

키르케고르는 이별의 책임을 자신에게 돌림으로써 레기네가 다시 자유롭게 누군가를 사랑할 수 있으리라고 일기장에 쓰기도 했다. 그러나 이런 생각과는 별개로 그는 베를린에서 돌아와 레기네가 프리츠 슐레겔과 약혼했다는 소식을 듣고는 질투와 상실감으로 이성을 잃기도 했다. 시간이 흐른 후, 키르케고르는 일기장에 다음과 같이 썼다.

(레기네와 결혼한 슐레겔은 후에 덴마크령 버진 아일랜드의 총독이 되었다. 둘은 그곳에서 부족함 없는 생활을 누렸지만, 남편의 사망 후 레기네는 자신이 여전히 키르케고르를 사랑하고 있다는 점을 분명히 밝혔다. 키르케고르는 이미 오래전 세상을 떠난 후였다.)

키르케고르는 죽을 때까지 상사병에 시달렸다.

키르케고르의 인생에서 주목할 만한 인간관계는 단 세 개뿐이었다.

아버지와의 관계

레기네 올센과의 관계

그리고 덴마크의 인기 풍자 신문이었던
《코르사르》의 편집장과의 관계

《코르사르》는 코펜하겐의 부르주아 상류층을 조롱하는 내용이 주를 이루는 악명 높은 풍자 신문이었다. 정치적으로 진보적인 의견을 펴고자 하기는 했지만, 실상은 소문에 열광하는 대중이나 부르주아 흉내를 내고 싶어 하는 사람들을 위한 자극적인 폭로 기사가 대부분이었다. 편집장인 마이르 골드슈미트는 대상을 가리지 않고 풍자의 칼끝을 겨눴지만 단 한 사람, 그가 크게 존경했던 키르케고르는 **예외**였다.

그러나 머지않아 키르케고르와 《코르사르》의 관계는 틀어지고 말았다. 《코르사르》가 키르케고르의 작품에 대한 호의적인 평가를 실었는데, 키르케고르가 이를 비꼬는 내용의 서한을 편집자에게 보낸 것이다. 키르케고르는 골드슈미트에게 보낸 서한에서 《코르사르》의 찬사는 모욕과 진배없으며, 차라리 비판을 해준다면 기꺼이 칭찬으로 받아들이겠다고 밝혔다. 모욕을 당했다고 느낀 골드슈미트는 그때부터 매일 키르케고르에 대한 가차 없고 무자비한 풍자로 그를 공격하기 시작했다.

댁의 칭찬은 모욕입니다, 선생님.

그렇군요. 죄송합니다.

두고 보자, 이놈.

《코르사르》와의 갈등을 겪을 무렵 키르케고르는 선천적인 척추 장애로 늘 자세가 구부정했고, 비쩍 마른 다리에 촌스럽게 접어 올린 바지를 입고 다녔다. 이런 그의 외모는 풍자 화가들에게 더없이 좋은 먹잇감이 되었다.

결국 키르케고르는 온 나라의 웃음
거리가 되어버렸다. 상류층 인사
들은 물론 길거리를 다니는 불량
배나 부랑아들조차 그를
비웃기 시작했다.
골드슈미트는 뒤
늦게 자신의 잘못을
뉘우쳤지만, 키르케고르
를 향한 풍자는 《코르사르》
가 폐간된 후로도 그칠 줄을
몰랐다.
키르케고르는 태연한 척하
려 애썼지만, '코르사르 사
건'은 그의 생에서 두 번
째로 뼈아픈 경험이었음
이 틀림없다.

말

년에 이르러, 키르케고르는 그동안 고수했던 '간접 전달법'을 버리고 덴마크 루터교를 정면으로 공격하기 시작했으며, 이로 말미암아 얼마 남지 않았던 친구와 지지자들마저 잃고 말았다.

키르케고르는 초기 기독교는 구태에 저항하는 영적 혁명이자 안일함에 대한 **공격**이었지만 그의 시대에 이르러서는 우쭐대는 부르주아적 자만의 표상이 되었다며 기회가 닿을 때마다 가차 없는 비판의 날을 세웠다.

그는 당대 교회의 설교를 '레모네이드 사기'[1] 라고 부르며 비웃었으며, 그러한 내용을 담은 전단지를 자비로 인쇄하여 사람들에게 나눠주기도 했다. 아마 요즘 길을 걷다 흔히 볼 수 있는 광신도들과 비슷한 모습이었을 것이다. (물론 요즘 나눠주는 종교 전단지보다는 훨씬 세련된 문장과 정확한 철자를 사용했지만 말이다.)

레모네이드
(원래 위스키였음)

종말이 가깝이 왔다.

---

1) 키르케고르가 《기독교 왕국 비판》에서 주장한 내용이며, 독한 술을 마실 수 없는 아이들이 레모네이드를 마시며 어른 흉내를 내듯이 성경의 엄격한 가르침을 따를 수 없는 기독교계가 초기 기독교의 흉내만 내고 있다고 비판하였다 – 옮긴이

그가 나눠준 전단지의 내용을 간단히 살펴보자면 다음과 같다.

수리수리마수리! 아멘, 아멘,
종말 없는 세상이 왔도다! 아멘!
성직자에게 영광을! 이것이 바로
'기독교 왕국'의 비밀이다.

인간은 아무것도 없이는 생존할 수
없다는 말을 우리는 자주 듣는다. 그런 말을
하는 주인공은 성직자인 경우가 많다. 그런데 다름
아닌 그 성직자들이 바로 이 놀라운 일을 해내고
있다. 진정한 기독교는 이제 존재하지 않는데도
성직자들은 그 존재하지 않는 것에 기대어
생존하고 있는 것이다.

누가 뭐라고 해도 이 말만큼은 반드시
해야겠다. 당신이 누구든, 어떤 삶을 살고 있든,
현재의 교회가 진행하는 예배에 참석하지 않는
것만으로도 심대한 죄악을 덜어낼 수 있으리라.
성직자들은 현재의 교회가 신약의 가르침에 바탕을
두고 있다고 주장하지만, 실상 오늘날의 교회는
신을 바보 취급하고 있기 때문이다.

당 대 기독교계에 대한 비판 활동에 열을 올리던 키르케고르는 어느 날 길거리에서 쓰러지고 만다. 그렇게 1855년 10월 2일 마비로 길에서 쓰러진 그는 한 달 반을 병원에서 보낸 끝에 세상을 떠나고 말았다. 키르케고르의 장례식에서는 폭동이 발생할 뻔했다. 마지막까지 덴마크 교회를 신랄하게 비판했던 키르케고르의 장례를 교회에서 치르자 격분한 신학도들이 난동을 피웠기 때문이다.

키르케고르는 자신의 비석에 간결하게 '**단독자**'라는 비문을 새기고 싶어 했지만, 실제 그의 비석에 새겨진 내용은 다음과 같다.

쇠렌 오뷔에 키르케고르
1813년 5월 5일 출생, 1855년 11월 11일 사망

적어도 그의 이름만큼은 그가 묻힌 장소에 잘 어울리는 듯하다. 키르케고르kierkegaard는 덴마크어로 '공동묘지'를 뜻한다.

2. 간접 전달법

Indirect Communication

키르케고르가 병상에서 세상을 떠난 것과 때를 같이 하여 아버지의 유산도 동이 났다. 평생 직업다운 직업을 가져본 적이 없는 키르케고르였지만, 요즘으로 치자면 전업 작가 정도로 볼 수 있지 않을까? 그는 두 다리가 멀쩡했던 시절의 대부분을 책상 앞에 앉아 글을 쓰는 데 투자했고, 짧은 생애 동안 수많은 저서를 남겼다. (사실 그가 아버지에게서 막대한 유산을 물려받은 것은 행운이라고 볼 수 있다. 그의 책은 베스트셀러와는 거리가 멀었으니 말이다.)

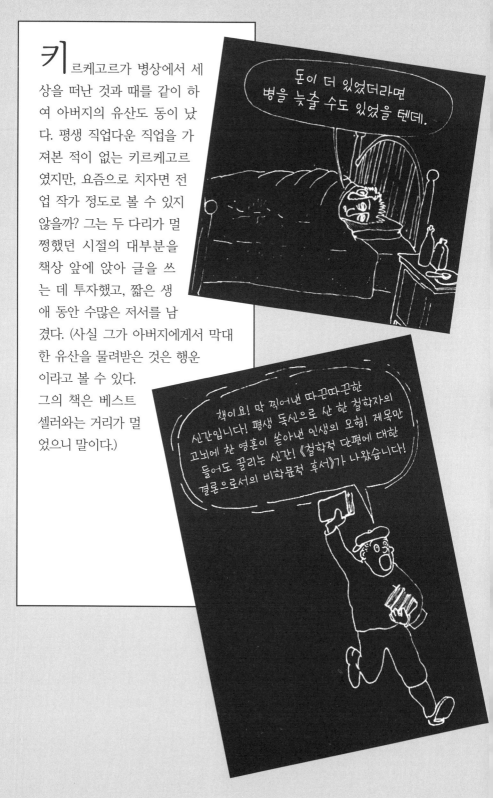

키르케고르는 무엇에 관하여 썼을까? 주된 주제는 그가 '주체적 진리' 혹은 '실존적 진리'라고 부른 특정한 종류의 **진리**였다. 키르케고르에 따르면, 주체적 진리는 가장 중요한 진리지만 안타깝게도 이는 직접적으로 전달될 수 없다. 주체적 진리는 한 개인의 삶에 대한 깊은 통찰이나 선택 등을 담고 있고, 사람마다 다를 수밖에 없기 때문이다. 주체적 진리를 중시했던 키르케고르는 애꿎게도 이에 대한 **책을 쓰고자** 하는, 즉, 전달할 수 없는 것을 전달해야 하는 어려움을 자처했다. 그가 이러한 문제를 해결하기 위하여 개발한 것이 바로 **간접 전달법**이다.

키르케고르의 간접 전달법은 그
가 가장 좋아했던 철학자인 소크라
테스에게서 상당 부분 영감을 받아
고안한 것이다. 제자인 플라톤이 남
긴 기록을 보면, 소크라테스가 대화
시 반어법을 활용한 전달 방식을 즐겨
사용했음을 알 수 있다.

> 의미하는 바를 곧이곧대로
> 말하는 경우가 없죠.

소크라테스는 자신의 주장을 의도적으로 과장하거나 축소
하고, 잘못 말하거나 시적으로 표현했으며, 때로는 신화적
으로 표현하기도 했다. 소크라테스식 반어법의 대표적인 예
는 바로 자신이 무지하다는 주장이다.

> 나는 아무것도 모른다!

> 하지만 그걸 안다는
> 것만으로도 대보다 많이
> 안달까?

어느 날 그리스 델피 신전에 "아테네
에서 가장 현명한 이는 소크라테스
다"라는 신탁이 내려왔다. 고대 그리
스 시대 델피 신전의 신탁은 신들의 의견을
대변하는 역할을 했다고 보면 된다. 신탁에 자신
이 언급되었다는 소식을 들은 소크라테스는 깜
짝 놀랐다. 아무것도 모르는 자신이
어떻게 아테네에서 가장 현명한 이
가 될 수 있단 말인가? 그는 깊은 고
민 끝에 이 같은 결론을 내렸다. 신탁이 소
크라테스를 가장 현명한 이라고 칭한 이유는
그가 자신이 아무것도 모른다는 사실을
알고 있었기 때문이라고 말이다.

아 무것도 모르는 건 모두가 마찬가지지만, 다들 자신이 뭔가를 알고 있다는 착각을 한다. 그러나 소크라테스는 자신이 무지하다는 반어법적 주장을 통하여 박식하다고 착각하는 거만한 상대를 무너뜨린다. 반어법의 위력은 그야말로 대단했다. 알키비아데스와 소크라테스의 대화를 기록한 플라톤의 저서 《알키비아데스》를 보면, 알키비아데스는 소크라테스와의 대화 중 눈물을 흘리며 묻는다.

대체 내게 무슨 짓을 한 거죠? 이제 내가 누군지도 모르겠어요.

키르케고르에 따르면 소크라테스는 "각각의 사람들에게 개별적으로 접근하여 모든 것을 빼앗아 버리고는 빈털터리로 되돌려 보냈다." 소크라테스는 상대에게 객관적인 내용을 가르치려 들지 않았다. 그보다는 자신을 낮추며 계속해서 질문을 던져 상대가 스스로에 대한 깨달음을 얻도록 이끌었다. 키르케고르는 소크라테스를 주제로 하여 〈아이러니의 개념〉이라는 석사 논문을 쓰기도 했는데, 지금으로 치자면 박사 논문에 더 가깝다.

석사 학위를 받은 키르케고르는 스스로를 '반어법의 달인'이라고 생각했다.

"the Master of Irony"

키르케고르와 소크라테스 외에도 '반어법의 달인'은 존재했다. 공관 복음서에 등장하는 예수 또한 반어법을 즐겨 사용했다. 유심히 살펴보면 알겠지만, 이 세 복음서에서 예수가 뭔가를 '단도직입적으로' 말하는 경우는 극히 드물다. 예수의 설교 방식은 키르케고르가 절대적으로 중요하게 생각했던 간접 전달법을 취하고 있다. 예를 들어 천국이 어떤 곳이냐는 질문에 예수는 늘 비유로 답하며, 마태복음 13장에서만 이러한 비유가 여섯 번이나 등장한다.

(예수는 마태복음에서 천국은 씨 뿌리는 농부, 빵 속의 누룩, 밭에 감춰진 보화, 좋은 진주를 구하는 상인, 어부의 그물과도 같다고 말한다.)

예수는 무궁무진한 방법으로 간접 전달법을 활용했다.
우선 앞서 언급한 비유법이 있다.

"천국은 겨자씨 한 알 같다."

제자에게 한 냉혹한 말 한마디에도 간접 전달법이 드러난다.

"죽은 자들이 그들의 죽은 자들을 장사하게 하라."

간접 전달법은 풍자적으로도 사용되었다.

**"낙타가 바늘귀로 들어가는 것이 부자가
천국에 들어가는 것보다
쉬우니라."**

언뜻 보면 잘 이해가 되지 않는 특이한 행동 또한 간접
전달법이라고 이해할 수 있다.

**"예수께서 무화과나무에게 말씀하여
이르시되 이제부터 영원토록
사람이 네게서 열매를 따 먹지
못하리라."**

그런가 하면, 시적으로 사용되기도 했다.

"천국은 너희 가운데 있다."

키르케고르에 따르면 예수는 의도적으로 균형을 깨는 의사소통법을 활용한다. 이는 인간과 진리 사이를 가로막고 있는 인간의 자만심과 안일한 태도를 무너뜨리기 위한 것이다. 이러한 방식은 예수의 목적을 달성하는 데 필수적이다. '가르침'은 객관적인 지식의 형태로는 전달될 수 없으며, 말씀을 듣는 자가 그에 담긴 '교훈'을 경청한 후 그 교훈에 담긴 역설적인 힘으로 자기 자신을 되돌아봄으로써만 얻을 수 있기 때문이다. 이는 소크라테스의 방식과도 유사하다.

키르케고르는 소크라테스와 예수의 방식을 따라 간접적이고 반어적인 전달법을 사용했다.

혼란스러워…

키르케고르는 모든 철학적 저서를 가명으로 비밀리에 출간하고 자신의 작품임을 부인했다. 그가 사용한 가명은 무려 열네 개에 이르는데, 그중 몇 가지를 소개하자면 다음과 같다. '은둔자 빅토르Victor Eremita',

'침묵의 요하네스Johannes de Silentio', '변함없는 콘스탄틴 Constantin Constantinus', '사다리를 오르는 요하네스Johannes Climacus', '안티-클리마쿠스Anti-Climacus', '잘 적는 니콜라우스Nicolaus Notabene', '재미있는 편집자Hilarius Bookbinder'. 각각의 저자는 자신만의 성격과 문체, 삶에 대한 관점을 지니고 있다. 키르케고르는 세월이 흘러 이들 저자가 자신과 동일인물이라는 것을 마침내 인정하면서도 다음과 같이 말했다고 한다. (물론 그의 고백에 앞서 거의 모든 독자가 그의 정체를 알아채고 있었다.)

가명으로 발표한 작품에 제 말은 단 한 마디도 없습니다. 이들 작품에 대해서는 제삼자로서 가지는 의견 외에는 아무런 의견도 없으며, 독자로서 읽고 이해한 의미 외에는 아무런 지식도 없고, 저와는 그 어떤 사적인 연관도 없습니다.

그러나 대부분의 학자는 가명 작품과의 연관성을 부인한 키르케고르의 발언을 진지하게 받아들이지 않는다. 가명으로 발표한 작품의 구석구석에서 키르케고르의 그림자가 느껴지기도 하거니와, 가명을 사용하는 것은 속임수를 통하여 독자를 진실로 이끌려는 키르케고르의 원대한 계획의 일부이기도 하기 때문이다. 그는 가명을 사용함으로써 독자들에게 주체적 진실을 간접적으로 전달하려 한 것이다.

사실 그의 가명 저서는 독자들에게 객관적 진실이나 개념을 전혀 전달하지 않는다. 책이 전하는 내용은 지식이라기보다는 반¼지식에 가깝다. 키르케고르의 주장대로 지식은 추상적이지만 실존은 구체적이기 때문이다.

키르케고르의 까다로운 추종자인 장 폴 사르트르는 이렇게 말했다.

> 키르케고르는 지식에서 언어를 훔쳐내 지식에 대항한다.

키르케고르의 작품은 지식의 모습을 한 비非지식의 형태를 띠고 있으며, 동시에 지식을 고소한다. 그의 말은 우리가 보는 앞에서 스스로 폭발해버린다.

키르케고르의 글을 읽으면 마치 에셔의 판화를 보는 것 같이 끊임없이 우리 자신에게 돌아오게 된다. 사르트르에 따르면 키르케고르는 "객관적 개념을 회귀적으로 사용하여 언어의 자기파괴가 필연적으로 언어 사용자의 가면을 벗겨 내도록 만든다." 키르케고르가 쓴 책의 제목인 《불안의 개념》만 보아도 이런 역설이 잘 느껴진다. 키르케고르에 따르면 '불안'(근심이라 번역하기도 한다)은 개념이 **아니며,** 오히려 '모든 개념의 비개념적 기반'에 가깝기 때문이다. 키르케고르의 말대로 인류 최초의 불안, 즉 아담의 불안이 그가 저지른 최초의 죄악인 신께 복종하지 않고 지식의 나무에서 열매를 따 먹은 죄악에서 비롯된 것이라면 모든 지식(개념적 사유)은 불안에 기반을 둘 수밖에 없다. 키르케고르의 반개념은 우리로 하여금 (추상적인) 개념에서 멀어져 우리 자신의 자유와 주체적인 진리로 회귀하게 만든다.

사르트르는 키르케고르에 대해 이렇게 말한 바 있다.
"키르케고르의 글을 읽으면 늘 나 자신에게 되돌아오게 된다.
키르케고르의 말을 붙잡으려 해봐도 언제나 내 손에 잡히는 건
나 자신뿐이다. 그의 비개념적 저작은 온갖 개념의
근원으로서의 나 자신을 이해하기 위한 초대장과도 같다."

3. 객관적 진리와 주관적 진리

Objective and Subjective Truth

키 르케고르가 '주관적 진리'에 대한 생각을 가장 명확하게 밝힌 저서는 《철학적 단편에 대한 결론으로서의 비학문적 후서(1846)》이다. 이 책은 나중에 실존주의의 성경이 되었다. 키르케고르는 '요하네스 클리마쿠스'라는 가명으로 발표한 이 저작에서 **객관적 사고**와 **주관적 사고**의 차이를 명확히 구분한다.

객관적 사고는 보편적 사고다. 다시 말해, 객관적인 사고로 이해할 수 있는 것은 보편화된 지식뿐이다. 예를 들어 '이 책은 녹색이다'라는 문장은 객관적 사고의 결과다. 우리가 특정한 물건을 **가리켜** '녹색 책'이라고 말할 수 있는 것은 그 물건을 분석하여 '책'과 '녹색'이라는 보편적인 개념에 맞춰 넣을 수 있기 때문이다. 플라톤의 철학에 따라 생각해보자면, 우리는 책에 대하여 **사유**함으로써 그 책을 구체적 물질세계에서 일반적 관념의 세계로 상승시키게 된다. 책의 구체성은 사유될 수 없다. 사유라는 것은 언제나 추상화를 통하여 구체성을 일반화하기 때문이다. 키르케고르는 플라톤의 철학보다 한층 더 급진적이다. 개념화할 수 있는 것만이 사유의 대상이 될 수 있다면 '실존'은 사유의 대상이 될 수 없다. 실존은 절대로 추상화될 수 없는 구체적인 것이기 때문이다.

실존은 가능한 모든 분석을 마친 후에도 남아 있는 '무리수' 같은 것이다. 실존은 처음부터 '거기'에 존재하는 분석 불가능한 잔재다. 키르케고르는 실존을 두고 '잔에 든 맥주를 다 마시고 난 후 빈 잔 속에서 발견한 개구리 한 마리'에 비유했다. 대체 왜 거기에 있는지는 모르겠지만 어쨌든 존재하는 뜻밖의 무언가. 그것이 바로 실존이다. '개념'으로서의 실존은 역설이다. 그리고 우리는 다름 아닌 우리 자신의 실존의 문제에 맞닥뜨렸을 때 이러한 역설을 특히 강렬하게 느낀다.

우리가 자신에 대해 말할 수 있는 것은 많다. 그런데 이름, 고향, 조상, 직업, 사는 곳, 감정 등 모든 것을 말한 후에도 여전히 남아 있는 것이 있다. 바로 **나의 실존**이다. 나의 실존은 사유될 수 없다. 실존은 녹색 책의 경우와도 달라서 그냥 그게 여기 있다고 단순히 **가리킬** 수도 없다.

저는 원자력 공학자고요, 대학을 수석으로 졸업했죠. 취미는 스키와 조류 관찰이에요. 좋아하는 작가는 로버트 브라우닝이죠. 전망 좋은 소살리토의 주택에 살고 있습니다.

그렇게 해서 작업이 돼요?

술집에서의 흔한 자기소개

나의 실존은 존재해야 하며 하루하루 살아내야 한다. "나는 생각한다, 고로 존재한다"라는 데카르트의 주장이 있기는 하지만 존재와 사유는 엄연히 다르다. 존재는 사유가 아닌 **행위**이기 때문이다. 그러나 물론 실존이라는 행위에는 사유도 필요하다. (키르케고르도 생각 없는 행동을 해결책으로 제시하지는 않았다.) 키르케고르가 실존의 문제에 대한 답안으로 제시한 이 역설적인 사유와 행위의 본질은 과연 무엇일까? 키르케고르는 행위와 필연적으로 연결되어 있는 이 사유의 형태를 '주관적 사유'라고 불렀

고, 그의 이러한 생각은 다음과 같은 유명한 주장으로 이어졌다.

진리는 주체성이다.

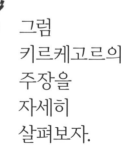

그럼 키르케고르의 주장을 자세히 살펴보자.

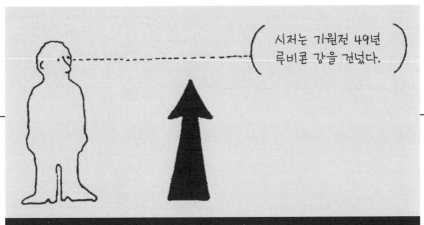

객관적 진리 - 대상을 강조함

주관적 진리의 반대는 객관적 진리이다. 객관적 진리는 현실에서 추출하여 개념화할 수 있으며 옳고 그름을 따질 수 있는 형태의 진리다. 예를 들면 과학, 수학, 역사적 지식이 여기에 해당된다. 객관적 진리의 경우 그 진위를 따질 수 있는 객관적인 외부의 기준이 존재한다. 각 개인들은 자신이 주장하는 바가 참인 경우에 진리 속에 있다고 말할 수 있다. 키르케고르에 따르면 여기서 강조되는 것은 **무엇이냐**What이지 **어떻게**How가 아니다. 그러나 이러한 객관적 진리는 실존과는 크게 관련이 없다. 다시 말해, 어떤 객관적 '진리'가 사실이 아니었다고 밝혀진다고 하더라도 우리의 인생이 크게 달라지지는 않는다는 얘기다.

(새로운 연구가 진행되어 시저가 기원전 49년에 건넌 것은 루비콘 강이 아니었다든가, 'F=ma'라는 뉴턴의 운동 법칙이 잘못됐다든가, 우리가 알고 있는 수학의 기초가 어딘가 이상하다는 점이 밝혀진다고 하더라도, 그러한 발견이 우리의 **행동**을 바꿔놓지는 않으며, 우리를 다른 사람으로 만드는 것도 아니다.)

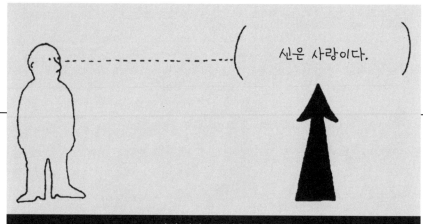

반면 '주관적 진실'에는 객관적 기준이 존재하지 않는다. 그럼에도 키르케고르는 주관적 진실을 가장 중요하게 여겼다. 주관적 진실은 **대상**보다 **방법**을 강조한다. 주관적 진실이야말로 우리 안에 늘 **존재하는** 규정하기 어려운 그 '무리수'와 필연적으로 연관되어 있으며, 그런 의미에서 이는 실존적 진리이다. 이러한 진리에서 중요한 것은 객관적 사실이 아닌 가치, 나아가 가치의 토대다.

'존재'는 '당위'를 함축하지 않는다.

키르케고르는 객관적 사실을 근거로 한 도덕적 주장은 없다는 회의적인 주장을 했다. 아마 이는 18세기 스코틀랜드 철학자인 데이비드 흄의 영향일 가능성이 크다. (아기를 고문하면 아기가 고통스러워한다는 건 증명할 수 있지만, 아기를 고문하는 것이 도덕적으로 옳지 않다는 걸 증명할 방법은 없다.)

정확히 어떤 점에서 비도덕적인 거지?

나도 모르겠어

키르케고르는 도덕적, 종교적, 미적 가치는 우리가 자아에 대하여 지닌 생각과 본질적으로 연관되어 있다고 인식했다.

모든 결단은
주체성의 산물이다.

결정은 주체성
안에만 존재하며,
객관성을 추구하는
것은 잘못이다.

우리는 신이 사랑이라는 믿음을 가질 수도 있고, 불필요한 고통을 가하는 건 옳지 않다거나 아름다움이 결국은 승리한다는 믿음을 가질 수도 있다. **말**뿐이 아닌 진정한 믿음이라면 이는 행동으로 표현되기 마련이다. (주관적 진리에서는 **방법**이 강조된다는 키르케고르의 말은 바로 이런 의미이다.) 키르케고르에 따르면 믿음의 변화는 행동의 변화로 이어지고, 우리를 아예 다른 사람으로 바꿔놓기도 한다. 자아가 행동의 원천이라는 점에서 보면 우리는 곧 우리의 가치인 것이나 **마찬가지다.** 우리가 결정하고 행동하게 만드는 건 가치이지 사실이 아니다. 사실 그 자체만으로 행동을 이끌어낼 수는 없으며, 사실이 가치와 결합했을 때만 행동으로 이어지게 된다.

키르케고르는
이렇게 주장했다.

어떤 측면에서는 사실이라는 것도 가치에 따라 결정된다고 볼 수 있다. 기독교적 가치를 중시하는 사람이 보는 사실과 쾌락적 가치를 중시하는 사람이 보는 사실은 다를 수밖에 없고, 마찬가지로 정치적 혁명가와 보수주의자가 보는 사실 또한 다를 수밖에 없다. ('비트겐슈타인의 오리-토끼'로 잘 알려진 그림을 떠올려보자. 사람마다 다르겠지만, 필자의 눈에는 토끼보다는 오리에 가깝게 보인다.) 키르케고르에 따르면 우리 각자의 세상은 우리가

선택한 가치로부터 만들어진 것이며, 그런 의미에서 우리는 자신이 살아가는 세계의 '작가'로서 자신의 세계를 책임져야 한다. 그런데 역설적이게도 키르케고르는 자신이 설파한 이 생각의 작가로서의 소유권을 거부한다. 이러한 생각 자체가 주관적 진리이므로 직접적으로 전달될 수 없기 때문이다. 키르케고르가 이 생각에 대한 소유권을 버리고 그것을 간접 전달의 영역에 둘 때, 비로소 우리 각자는 그것을 깨닫고 이용할 수 있다.

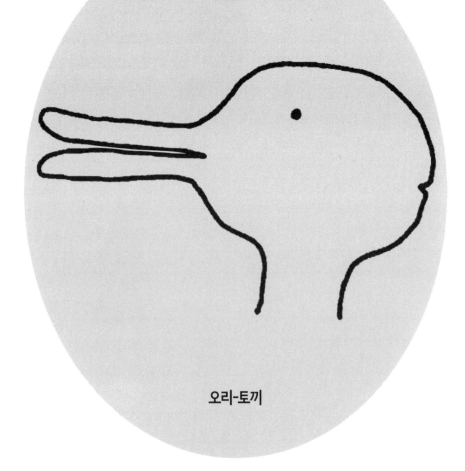

오리-토끼

46

우리가 가장 기본적이라 여기는 가치조차도 사실은 그 타당성을 증명하는 것이 불가능하다. 그러므로 우리가 '올바른 가치'를 선택했다고 확신하는 것 또한 불가능하다. 그렇기에 실존에는 늘 위험이 따르기 마련이며, 나약한 개개인은 고뇌와 불안 속에서 실존의 핵심을 직접 경험해내는 수밖에 없다.

주관적 사유에서 가치의 기초가 될 수 있는 것은 실존에 대한 직접 경험뿐이다. 주관적 사유자는 자신의 실존을 직접적인 사유의 **대상**으로 삼을 수 없다. 사유의 대상은 경험으로부터 분리되어 추상화되고 개념화되기 때문이다. 이미 종료되어 완결된 것만이 대상화될 수 있는데, 실존에 대한 경험은 늘 현재 진행형이며 미완성된 것이다. 실존 경험은 긍정적인 측면과 부정적인 측면을 동시에 가지고 있지만, 키르케고르는 주관적 사유를 **부정적** 사유라고 보았다. 주관적 사유가 "존재를 관통하는 공허함"에 집중하기 때문이다.

4. 주체적 진리로서의 '죽음'과 '실존'

'Death' and 'Existence' as Subjective Truths

앞서 소개된 "존재를 관통하는 공허함"이라는 구절은 실존의 미약함과 모호함에 주목한다. 키르케고르는 인간은 "언제든 죽을 가능성"이 있다는 점에서 실존의 미약함을 보았다. 죽음에 집착하는 키르케고르의 모습은 어떤 이들에게는 그저 음울한 성격 탓으로만 비칠 수도 있다.

이름이 '공동묘지'인 사람한테 뭘 바라?

그러나 일견 신경증으로만 보일 수 있는 죽음에 대한 그의 집착 뒤에도 **철학**이 있다. 이러한 철학은 키르케고르가 《철학적 단편에 대한 결론으로서의 비학문적 후서》에 소개한 한 이야기를 통하여 살펴볼 수 있다. 어느 날 한 남자가 코펜하겐 거리에서 친구를 만났다. 남자는 친구를 저녁 식사에 초대했고, 친구는 "꼭 가겠네"라며 초대를 흔쾌히 받아들였다. 그런데 초대받은 남자가 대화를 마치고 막 자리를 뜨려는 순간 바람에 날려 떨어진 기와에 맞아서 그만 죽고 말았다. 키르케고르는 웃다가 숨이 넘어가도 모를 만큼 우스운 이야기라며, 미래를 확실하게 약속해 놓고 아무것도 아닌 한줄기 바람에 실존이 소멸되어버린 이 남자를 한껏 비웃는다. 물론 그 후에는 자신이 남자에게 너무 심하게 군 것 같다는 결론을 덧붙이기는 한다.

사실 친구의 저녁 초대에 "가겠네. 아마 갈 수 있을 거야. 하지만 바람에 날린 기와에 맞아서 내가 죽을 수도 있다는 건 고려해야 할 걸세. 그렇게 되면 난 가지 못할 테니 말이야"라고 답할 사람은 없을 것이다. 그러나 이런 대답이야말로 키르케고르가 기대하는 답이다. 상대와 약속한 후에는 늘 "그건 그렇고 말이야, 사실 난 조금 있다 죽을지도 모르는 존재야. 죽으면 약속을 지킬 수 없을 거야"라고 덧붙여야 한다는 점을 '마음속 깊이' 깨우친 후에야 <u>주체적 진리</u>로서의 죽음을 받아들일 수 있고, 그에 맞춰 인생의 우선순위를 정할 수 있는 것이다.

넥타이가 삐뚤어지면 안 되는데.

인간은 누구나 죽는다는 사실을 진심으로 깨닫고 나면 양말에 난 구멍도, 셔츠가 재킷에 어울리는지도 중요하지 않게 된다. 죽음을 주체적 진리로 받아들이고 나면 모든 결정을 내릴 때 과거도 미래도 아닌 현재를 살고 있는 실존에만 오롯이 집중하게 된다. 키르케고르는 두려움을 심어주기 위한 목적으로 실존의 미약함을 강조한 게 아니다. 오히려 그는 우리가 주체적 진리로서의 죽음을 받아들이고, 이를 통해 진정한 삶을 살 수 있기를 바랐다.

정해진 틀과 사회적 역할 안에서만 살다가 평생 단 한 번도 자기 자신으로 살지 못하고 죽는 사람도 있다. 이러한 사람들은 평생 자신의 주체적 진실을 깨닫지 못한 채로 산다. 키르케고르는 "단 하루도 나 자신으로 살지 못한 것 같은데 어느 날 일어나보니 죽을 때가 다가왔더라"고 하는 비극이 발생하는 걸 막기 위하여 최선을 다했다.

살아보지도 못하고 죽다니 이런 애석한 일이!

키르케고르 철학의 영향을 받은 실존주의 문학은 대부분 주체적 진리로서의 실존을 발견하는 데 집중한다. 알베르 카뮈의 소설 《이방인》의 주인공 뫼르소는 단 하루도 진정으로 살아본 적이 없는 인물이다. 그런 그가 사형을 앞두고서야 마침내 진정한 삶을 발견한다. 기억도 잘 나지 않는 살인으로 사형당하기 전날 밤, 뫼르소는 회개를 권유하는 교도소 부속 신부를 난폭하게 내쫓는다. 작품 안에서 그가 처음으로 보이는 인간다운 행동이다. 뫼르소는 창살이 쳐진 창가로 다가가 장미꽃의 향기를 맡는다. 이전에는 장미 향기를 맡아본 적이 없었다. 그는 단두대 너머로 뜬 달을 가만히 응시한다. 이전에는 달을 **바라본** 적이 없었다. 그렇게 갑자기 뫼르소는 처음으로 삶을 살기 시작한다. 그에게 내일 죽는다는 사실은 중요하지 않다. 그는 삶을 살았기 때문이다. 모두가 삶을 진정으로 느끼며 살았다고 할 수 있는 것은 아니다.

잉마르 베리만의 영화 〈제7의 봉인〉 또한 매우 키르케고르적이다. 영화의 주인공인 안토니우스 블로크는 십자군 전쟁에 참여했다가 환멸을 느끼고 고국으로 돌아온 기사다. 겨우 돌아온 고국은 전염병이 창궐하여 황폐하기 짝이 없다. 안토니우스는 해변에 누워있는 어떤 남자에게 길을 물으려 자신의 종자를 보낸다. 종자는 잠든 것 같은 남자의 두건을 무례하게 휙 벗기며 깨우지만, 두건 밑에 있는 건 입을 떡 벌린 채 뻥 뚫린 두 눈으로 바라보는 해골뿐이다. 안토니우스는 돌아온 종자에게 "길은 알려주더냐?"라고 묻는다. 종자는 이 물음에 "아주 잘 알려주던데요?"라고 답한다. 실로 키르케고르적인 메시지가 아닐 수 없다.

영화에는 이런 장면도 등장한다. 안토니우스는 고향으로 가는 길에 죽음의 사자를 만나게 되고, 죽음을 지연하기 위해 사자에게 체스 게임을 제안한다. 성당에 간 안토니우스는 고해성사실의 신부에게 죽음의 사자를 이길 계책을 생각해냈다며 이를 자세히 얘기한다. 그 순간 두건을 쓰고 있던 신부가 고개를 돌려 얼굴을 드러낸다. 놀랍게도 그는 죽음의 사자였다. 사자는 깜짝 놀란 안토니우스에게 계책을 알려줘서 고맙다고 말한다.

자신이 죽을 것이라는 사실을 확실하게 깨달은 안토니우스는 고해실의 창살을 움켜쥔다. 공포에 질려 자신의 주먹을 물끄러미 바라보던 그는 힘이 잔뜩 들어간 팔목의 핏줄과 근육을 서서히 의식하게 되고, 마침내 이런 독백을 한다. "이것은 나의 손이다. 나는 이 손을 움직일 수 있고, 이 손 안에서 고동치는 피를 느낄 수 있다. 해는 아직 높이 떠 있다. 그리고 나, 안토니우스 블로크는 죽음의 사자와 체스를 두고 있다." 이 또한 매우 키르케고르적인 메시지이다. 긍정적인 것(실존)은 부정적인 것(존재를 관통하는 공허함)을 뼈저리게 통감함으로써만 이해할 수 있다는 메시지 말이다.

키르케고르에 따르면 이러한 실존적 통찰과 도덕적, 종교적 가치는 '주체적 진리'이며, 그 정당성을 입증할 수 있는 객관적 기준은 존재하지 않는다. 주체적 진리의 정당성을 입증하기 위해서는 개개인이 그 진리를 자기만의 것으로 만들고 내재화하여 자신의 결정과 행동에 반영해야 한다. 주체적 진리는 지식이라기보다는 지식을 적용하고 행동에 옮기는 방식에 가깝다. 이러한 '진리'는 외부 세계에 대한 객관적인 사실에 기반을 두고 있지 않다. 주체적 진리는 삶의 모호함, 미약함, 불확실성, 나아가 실존의 공허함 안에서만 찾을 수 있는 것이다. 주체적 진리를 발견하는 것은 오롯이 개인의 몫이다. 키르케고르가 가명의 저작에서 '간접 전달법'을 사용한 것은 이러한 진리의 발견을 돕기 위해서다. 키르케고르는 이러한 방식을 일컬어 "속임수를 통하여 독자를 진실로 이끄는 행위"라 칭했다.

실존적 통찰은 마른하늘에 날벼락같이 갑작스럽게 찾아올 수도 있지.

《이것이냐 저것이냐》에서 가명의 키르케고르는 독자들에게 결단의 순간이 왔다는 느낌이 오면 자신의 책을 버려도 좋다고 말한다.

갖다 버려!

5. 의식의 문제

Consciousness is the Problem

객관적 진리와 주관적 진리에 대한 키르케고르의 글을 읽다 보면 주관적 진리는 복잡한 철학적 문제를 내포하고 있는 데 반해 객관적 진리는 비교적 단순하다는 인상을 받을 수도 있다. 그러나 **르네 데카르트**가 주장한 것으로 유명한 '확실성 추구'에 대한 키르케고르의 주장을 살펴보면, 우리가 말하는 소위 객관적 진리조차 여러 철학적 문제가 얽혀있는 복잡한 것임을 알 수 있다. 현대 철학의 아버지라 불리는 데카르트는 우리가 외부 세계에 대하여 뭔가를 안다고 주장하기 위해서는 그 근거로서 절대적으로 확실한 토대를 제시할 수 있어야 한다고 믿었다. 데카르트는 "모든 것을 의심하라"는 자신의 신조에 따라 모든 것을 회의의 대상으로 삼았고, 그 결과 우리의 의식을 **제외한** 모든 것을 의심할 수 있다는 결론에 도달했다.

내 생각에…

나는 개를 보고 있는 것 같아

데카르트가 남긴 "나는 생각한다, 고로 존재한다."라는 말은 아마도 서양 철학사에서 가장 유명한 말일 것이다. 그는 이 말을 통해 인간의 의식의 절대적인 확실성을 선언했다. 그 외의 모든 것은 의심의 대상이었다.

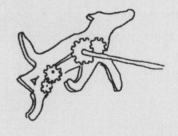

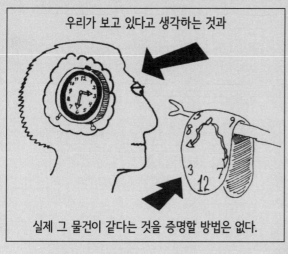

우리가 보고 있다고 생각하는 것과

실제 그 물건이 같다는 것을 증명할 방법은 없다.

감각을 통하여 얻은 정보는 믿을 수 없다. 감각이 우리를 속일 수 있다는 사실은 이미 잘 알려져 있기 때문이다.

데카르트의 꿈

우리가 세상에 대하여 일반적으로 생각하는 상식도 믿을 수 없다. 우리가 현실이라 믿는 세계가 꿈이 아닌 현실이라는 보장은 어디에도 없기 때문이다.

심지어 수학조차도 믿을 수 없다. 우리가 알고 있는 수학적 진리가 사실은 어떤 강력한 힘을 지닌 '심술궂은 악마'가 만들어낸 속임수인데 우리가 이를 알아채지 못하고 있는 것일 수도 있으니 말이다.

직접적　간접적

분자

광자　원자

???

아원자 입자

마음속 생각과는 직접 맞닿아 있지만, 외부 세계와는 간접적으로만 접할 수 있다.

데카르트에 따르면 우리가 확신할 수 있는 것은 단 한 가지, 바로 우리 자신의 의식뿐이다. "나는 생각한다(혹은 생각하고 있다)."는 생각은 늘 **참**일 수밖에 없다. 감각에 호도되었다고 해도, 꿈을 꾸고 있다고 해도, 심지어 심술궂은 악마가 만들어낸 세상에서 속고 있다고 해도, 우리의 의식이 이를 의심하는 한 우리가 생각하고 있다는 사실은 의심할 수 없다. '의심'도 '생각'의

내가 너한테 속고 있다고 하더라도, 의심을 계속하는 한 의심하는 나는 '존재한다.'

이럴 수가! 맞는 말이잖아!

일종이기 때문이다. 데카르트는 의식을 의심할 수 없는 이유로 그 직접성을 들었다. 의식은 사유의 주체와 직접적으로 맞닿아 있으며, 왜곡이나 조작이 발생할 수 있는 **매개체**를 거치지 않는다. 심술궂은 악마조차도 사유의 주체와 의식 사이에 끼어들어 올 수는 없다. 그러므로 의식의 경험을 있는 그대로 **표현하는** 모든 문장은 참일 수밖에 없다.

이렇게 해서 바로 이 유명한 말이 탄생했다.

"나는 생각한다, 고로 존재한다."

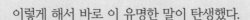

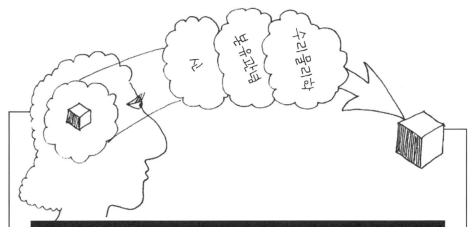

외부 세계를 인식하는 우회로

이렇게 의식과 자아의 존재에 대한 확신(데카르트는 이 둘을 동일시했다)을 얻은 그는 복잡한 연역법을 구축했고, 마침내 이를 토대로 외부 세계에 대한 객관적 진리는 수리물리학에서 발견할 수 있다는 결론을 내렸다. (여기서 말하는 수리물리학은 데카르트나 갈릴레오, 혹은 그들의 뒤를 이은 뉴턴이 연구했던 수리물리학이다.) 과학적 지식에 대한 확신을 얻기 위해서는 그 지식이 설 수 있는 토대가 필요했다. 데카르트에게 그 토대는 바로 인간의 의식이었다. 데카르트가 생각하기에 의식의 존재는 논쟁의 여지가 없는 확실한 사실이었고, 약 200년 동안 이러한 명제에 이의를 제기한 철학자는 없었다.

그러다 나타난 키르케고르는 요하네스 클리마쿠스라는 가명으로 저술한 또 다른 저작 《모든 것을 의심하라》에서 데카르트의 명제를 공격한다. 데카르트의 좌우명을 제목으로 한 책으로 그의 명제를 공격한다는 점에서 실로 **반어법적**이라 할 수 있다.

토대가 튼튼해야 건물도 튼튼하다.

앞서 언급한 대로 데카르트는 의식의 직접성과 확실성을 발견함으로써 회의를 극복할 수 있다고 믿었다. 그러나 요하네스 클리마쿠스는 의식에는 직접성도 확실성도 없다고 주장했다. 요하네스는 이렇게 말한다.

저 사람은 요하네스 클리마쿠스야.

이상한데. 키르케고르가 코주부 안경 쓴 거 아니냐?

그렇다면 의식은 직접성을 유지할 수 없을까? … 아마 말을 할 수 없는 사람이라면 유지할 수 있을 것이다. … 직접성은 현실actuality이며, 언어는 관념ideality이기 때문이다. 의식은 대립 혹은 모순이다. 내가 실재reality를 표현하는 순간 그에 상응하는 반대의 것이 존재하게 된다. 의식의 본질은 일종의 대립이나 모순이며, 의식에는 의심의 가능성이 존재한다. 의식은 이중duplicity에 의해 탄생하며, 그 자체가 이중성을 만들어낸다.

언어
가능성
관념
그렇지 아니한 것/존재하지 않는 것
추상성

감각
현실
실재
그러한 것/존재하는 것
구체성

의식

의식은 상반되는 한 쌍을 하나로 묶는다.

이게 대체 무슨 말일까? 바로 **감각**에는 직접성과 확실성이 **존재할 수도 있으나** 감각의 경험을 생각이나 언어로 표현하는 순간 그 직접적인 확실성이 사라진다는 말이다. 생각과 언어는 실재와 동일하지 않으며, 실재의 반대다. 다시 말해, 생각과 언어는 실재의 대립물이다. 뭔가에 대해 생각하거나 이름을 붙이는 것은 바로 대립하는 짝을 만드는 것이다. 의식 안에서는 '**현재 그러한 것(현실)**'과 '**그렇지 않은 것(가능성)**'이 대립한다. 뭔가를 보고 '이것은 문이다'라고 생각하면 우리는 그 물체가 열릴 수도, 닫힐 수도, 우리를 가둘 수도 있다는 가능성을 인식하게 된다. **과거에는** 열려 있었지만 **지금은** 열려 있지 않고 **나중에** 다시 열릴 것으로 인식하게 되는 것이다.

그러므로 의식은 현실성과 가능성의 충돌이며, '그러한 것'과 '그렇지 아니한 것'의 충돌이다. 이렇게 본다면 의식은 서로 반대되는 '이중성'을 내포한 것이 된다. 키르케고르는 '의심doubt'이라는 단어의 어원이 이중성을 뜻하는 'doubleness'와 연관되어 있다는 점을 지적한다. (이는 영어에서도 덴마크어에서도 사실이다.) 키르케고르는 의식은 확실성과 거리가 있으며, 오히려 일종의 불확실성을 지닌다는 결론을 내린다. 의식의 확실성으로 의심을 극복할 수 있다고 믿은 데카르트와는 반대로 키르케고르는 의식 또한 의심의 한 형태라고 주장한다. 의식 속에서는 '**현재 그러한 것**'도 의심의 대상이기 때문이다. 이것이 바로 키르케고르가 데카르트의 말을 빌려 **모든 것을 의심하라**고 말한 이유다.

키르케고르가 강조하고자 한 것은 바로 모든 사유의 불확실성이다. 사유는 불안정하기 때문에 불확실하다. 고대 그리스의 철학자 헤라클레이토스는 세상 만물이 끊임없이 변화한다고 믿었으며, "같은 강물에 발을 두 번 담글 수는 없다"는 유명한 말을 남겼다. 키르케고르는 인간의 의식이 이와 비슷하다고 생각했다.

우리는 이러한 사실을 일부러 외면하지 않는 한 알 수밖에 없다. 사르트르는 이러한 의도적인 외면을 자기기만이라고 불렀다. 사실 외면의 이유는 명확하다. 의식 안에는 **두려움**이 도사리고 있기 때문이다. 사르트르는 키르케고르가 내놓은 의식에 관한 설명에 깊이 매료되었다.

헤라클레이토스: 같은 강물에 발을 두 번 담글 수는 없다.

사르트르는 인간의 의식을 "아찔하리만치 많은 가능성을 내포한 비인격적이고 기괴하며 제멋대로인 것"이라고 보았다. 그는 "우리의 의식은 의식 자체가 지닌 자발성을 두려워한다"고도 덧붙였다. 사르트르는 스스로를 속이지 않고 이러한 가능성을 정면으로 들여다보는 순간 우리를 감싸고 있던 사회적 확실성이나 안정성이라는 난간이 무너져 내리는 것을 느끼게 될 것이라 말했다. 이러한 점에서 키르케고르와 사르트르는 자신들이 살았던 코펜하겐과 파리에서 현실에 안주하며 자족적으로 살아가고 있는 부르주아들이 가짜 인생을 살고 있다고 주장했다.

키르케고르는 의식을 분석한 끝에 결국 필요한 것은 일종의 종교적 믿음이라는 결론에 다다른다. 그러나 사르트르가 보기에 키르케고르의 결론을 현대인에게 주장하기에는 무리가 있었다. 키르케고르의 주장은 다음과 같다. 모든 인간의 의식 속에는 **부정성**이 존재한다. **의심**은 부정성을 악화

불안

시키는 반면, **믿음**은 부정성을 없애준다. 모든 정신적 활동에는 의심과 믿음이 공존하지만, 사유를 지속시키고 세상을 지탱하는 것은 믿음이다. 그럼에도 믿음은 객관적인 사실로서 정당화될 수 없으므로 불확실할 수밖에 없다.

인간은 믿음의 행위를 통해 의식과 외부 세상과의 관계를 유지해 나간다. 믿음을 완전히 잃고 의심이 극대화되면 **모든 것을 의심하라**는 데카르트식의 근본적인 회의를 극단까지 끌고 가게 되며, 이 경우 광기가 나타날 수 있다.

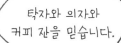

외부 세계가 존재하는지 확신할 수 없어. 내가 꿈을 꾸고 있는 건지도 모르니까. 어쩌면 심술궂은 악마가 있을지도 몰라.

산타클로스? 부활절 토끼? 이빨 요정? 외부 세계?

그러므로 키르케고르에게 세상에 대한 '객관적 진리'는 확실성이 아닌 믿음에 기반을 둔 진리다. 이러한 믿음은 처음에는 어린아이같이 아무 의심 없는 순진무구하고 비철학적인 믿음으로 시작된다. 그러나 어느 단계에 다다르면 이러한 순수한 믿음에 의문을 품게 되며 철학적으로 생각하게 된다. 의문을 품게 된 후에는 오직 두 가지 가능성만이 있다. 첫 번째는 의문을 품지 않는 **척**하며 자기기만에 빠지는 것이다. 그렇다면 두 번째는? 바로 우리의 의식은 확실성이 아닌 의심과 믿음의 기이한 공존이라는 점과, 그런 의미에서 우리의 평소 의식 상태가 생각보다 종교적 상태에 가깝다는 점을 깨닫는 것이다.

성부와 성자와 성령을 믿습니다.

타자와 의자와 커피 잔을 믿습니다.

성경에는 귀신 들린 아이의 아버지가 예수님에게 도움을 청하며 "예수님, 내가 믿나이다. 그러나 나의 믿음 없는 것을 도와주소서"라고 말하는 종교적 역설이 등장한다. 이 역설은 우리가 일상에서 매일 맞닥뜨리는 의식의 역설이기도 하다. 키르케고르가 주장하는 의식의 역설을 인식하게 되면 안락하고 평온해 보였던 일상이 뒤집어지며, 이 세상뿐 아니라 우리의 의식 자체에도 숨어있던 두려움이 그 모습을 드러내게 된다. 키르케고르가 주장한 일상의 역설은 사르트르가 말하는 '난간의 붕괴' 경험이나 프로이트가 말하는 '일상생활의 정신 병리학'[2]으로 이어진다. 의식의 불확실성에 대한 우리의 불안은 프란츠 카프카의 소설 《변신》을 통해서도 살펴볼 수 있다. 《변신》의 주인공 그레고르는 바퀴벌레가 **될 수 있고**, 실제로도 벌레로 **변해버렸다**. 우리가 믿고 있는 일상의 평범함 속에는 광기가 숨어 있으며, 이러한 광기와 의심을 극복할 수 있는 것은 믿음뿐이다. 믿음조차도 극단적인 형태(이를테면 종교적 믿음)에 도달하게 되면 광기와 의심의 한 형태가 되어버리지만, 키르케고르는 바로 그 속에 우리를 구원할 수 있는 은총이 있다고 믿었다.

들었죠? 나도 인간이 될 수도 있다고요!

---

2) 프로이트의 저서로, 우리가 일상생활에서 저지르는 실수나 착각이 사실은 우연이 아닌 무의식의 발현이라는 주장을 담았다 – 옮긴이

6. 불안

Dread

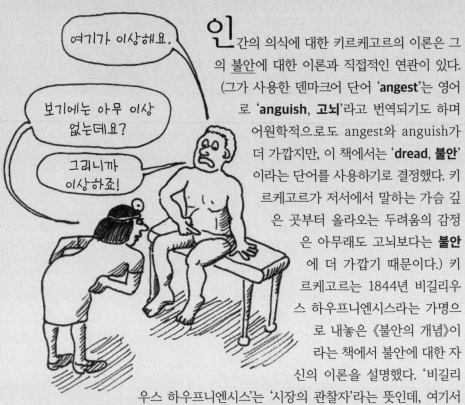

여기가 이상해요.

보기에는 아무 이상 없는데요?

그러니까 이상하죠!

인간의 의식에 대한 키르케고르의 이론은 그의 불안에 대한 이론과 직접적인 연관이 있다. (그가 사용한 덴마크어 단어 'angest'는 영어로 'anguish, 고뇌'라고 번역되기도 하며 어원학적으로도 angest와 anguish가 더 가깝지만, 이 책에서는 'dread, 불안'이라는 단어를 사용하기로 결정했다. 키르케고르가 저서에서 말하는 가슴 깊은 곳부터 올라오는 두려움의 감정은 아무래도 고뇌보다는 **불안**에 더 가깝기 때문이다.) 키르케고르는 1844년 비길리우스 하우프니엔시스라는 가명으로 내놓은 《불안의 개념》이라는 책에서 불안에 대한 자신의 이론을 설명했다. '비길리우스 하우프니엔시스'는 '시장의 관찰자'라는 뜻인데, 여기서 '시장'은 코펜하겐을 뜻한다. (코펜하겐은 덴마크로 '시장'이라는 의미다.) 키르케고르는 이 책에서 낙원에서 추방되기 전 아담의 정신 상태를 재구성해봄으로써 원죄의 문제에 대한 심리학적인 숙고를 시도한다. 키르케고르에 따르면 타락하기 전의 아담은 평화와 평온을 누리는 무지의 상태에 있다. 그러나 아담은 불안의 상태에 놓여 있기도 하다. 불안의 대상은 무엇일까? 아담의 불안의 대상은 '**무**'이다. '**대상이 아니다**'라는 의미다. 아담이 두려워하는 것은 '가능성'이며 자신의 자유다. 아직은 그러하지 않지만 그렇게 될 수도 있는 것을 두려워하는 것이다. 다시 말해, 그가 두려워하는 것은 자신이 **저지를 수도 있는 일**, 그럴 만한 자유를 가지고 있는 일이다.

신이 아담에게 선악과를 따 먹지 말라는 금령을 내린 순간 잠재되어 있던 아담의 불안은 깨어난다. "신의 금령이 자유의 가능성을 일깨웠기 때문"이다. 키르케고르는 불안을 일컬어 자유가 '가능성'으로서 그 모습을 드러낸 상태라고 정의했다. 그러나 키르케고르에 따르면 자유는 단순한 가능성이 아니다. 그 가능성을 의식하게 되는 순간 자유는 실재하게 된다. 그렇다면 불안은 자유에 대한 공포라고 볼 수 있다. 가명의 저자인 비길리우스는 책에서 "아무리 깊게 가라앉아도 더 깊이 가라앉을 가능성은 존재하며, 바로 이 **가능성**이 불안의 대상이다"라고 주장한다.

키르케고르가 말하는 자유에 대한 두려움은 사실 우리 모두 한 번쯤 겪어 봤을 만한 일이다. 가끔 이러한 현상은 병적인 형태로 찾아오기도 한다. 어느 비 오는 밤, 당신은 좁은 이차선 도로를 달리고 있다. 맞은편에서 상향등을 켠 차가 다가온다. 눈이 부셔서 짜증이 난 당신은 순간 '확 받아버려?'라는 생각을 한다. 상대의 차를 받아버릴 수도 있다는 이 가능성이 바로 자유이며, 이 자유가 바로 불안의 대상이다. 우리는 마치 괴물과도 같은 이 자유를 두려워한다. 우리가 상대방의 차와 충돌하려 한다면 이를 가로막고 있는 것은 **아무것도 없고**, 이를 막을 수 있는 것은 **자신**뿐이기 때문이다. 사르트르도 이와 유사한 예를 든 바 있다. 낭떠러지 옆으로 난 좁은 벼랑길을 걸어가면 미끄러져 떨어질지도 모른다는 두려움이 들지만, 한편으로는 스스로 **뛰어내리기를 선택**할 수도 있다는 가능성에도 공포를 느낀다. 이 공포가 바로 불안이다. 이는 키르케고르의 주장과 일맥상통한다. 키르케고르는 《불안의 개념》에서 "불안은 현기증에 비유할 수 있다. 깊은 심연을 내려다보는 사람은 현기증을 느끼게 된다"라고 썼다. 그가 말하는 깊은 심연은 다름 아닌 인간의 자유다.

키르케고르는 불안을 더 구체적으로 정의하기도 했다.

불안은 두려워하는 것에 대한 욕망이며, 욕망하는 것에 대한 두려움이다. 아담은 자신이 신에게 반항**할 수도** 있다는 가능성을 깨닫는 순간 이를 욕망하게 되지만, 그와 동시에 자신의 욕망을 두려워하게 된다. 자유로운 존재인 자신이 죄를 짓는 것을 막을 수 있는 것은 자신뿐이라는 것을 깨닫기 때문이다.

키르케고르는 미래에 대한 인간의 의식 또한 불안으로 나타난다고 말했다. 이는 무가 불안의 대상이 되는 또 다른 경우다. 미래는 아직 존재하지 않으며, 그러므로 '무'이다. 과거는 변화할 수 없는 확실한 것이지만 미래는 다르다.

나의 미래는 나의 자유 안에서 내가 만들어야 하는 것이다. 나는 선택과 결정을 통해 미래를 만들어야 하며, 그 미래에 속해 있는 **나 자신**마저 만들어내야 한다. 사르트르는 이런 말을 했다. "나는 미래에서 나 자신을 기다린다. 내가 불안한 것은 그곳에서 나 자신을 찾지 못할 수도 있다는 두려움 때문이다." 불안은 우리가 우리 손으로 자신을 만들어내야 한다는 책임에 대한 두려움이며, 자유에 대한 두려움이다. 무지는 불안의 대안이 될 수 없다. 무지의 상태에서도 불안은 존재하기 때문이다.

여보세요? 거기 '나' 있나요?

불안이 싫다면 비진정성을 대안으로 삼을 수 있다. 이는 사르트르가 말한 '자기기만'이며, 자유로부터의 회피이다. 스스로 자유롭지 않기로 선택하는 것이다. 그러나 사실 이러한 선택을 하는 것은 불가능하다. 키르케고르가 말했듯 선택을 하지 않기로 결정하는 것 또한 선택에 해당하기 때문이다. 사르트르의 말마따나 "인간은 자유를 선고받은 존재"이다.

당신에게 영원한 자유를 선고한다.

제가 뭘 어쨌다고!

7. 절망

Despair

지금까지 불안과 고뇌에 대해 살펴봤다. 이제 또 하나의 암울한 주제, 절망으로 넘어가보자. 죽음이라는 주제에 집착한 탓인지 키르케고르의 인상은 꽤 음울하다. 거기에《두려움과 떨림》,《불안의 개념》,《죽음에 이르는 병》등 유명한 저서의 제목은 안 그래도 어두운 그의 인상을 더 어둡게 보이도록 한다. 키르케고르가 인간 경험의 어두운 면에 유난히 집중한 것은 사실이며, 여기에는 그럴 만한 이유가 있었다. 물론 개인의 성격 탓도 있었겠지만, 심오한 철학적 이유 또한 존재했다.

키르케고르는 왜 그렇게까지 의식의 '비정상적 상태'에 집착했을까? 이는 우리가 흔히 말하는 '정상적인 상태'가 존재의 진정한 의미를 가린다는 그의 생각 때문이었다. 키르케고르는 실존의 벼랑 끝에 내몰려본 사람만이 인간의 현실에 대한 깊은 통찰력을 가질 수 있다고 믿었다. 그럼 이제 그의 이러한 생각을 염두에 두고 《죽음에 이르는 병》에 소개된 키르케고르의 주장을 만나보자. 책은 다음과 같은 엄청나게 복잡한 문장으로 시작된다.

부조리해.

인간은 정신이다. 그런데 정신은 무엇인가? 정신은 자기_{自己}이다. 그러면 자기는 무엇인가? 자기는 자기 자신과 관계하는 관계이다…. 인간은 무한한 것과 유한한 것의, 시간적인 것과 영원한 것의, 자유와 필연의 종합이며, 간단히 말해서 종합이다. 종합은 그 둘의 관계이며, 이렇게 보건대 인간은 아직 자기가 아니다.

우디 앨런의 말대로 키르케고르는 단순히 말장난이나 농담을 한 걸 수도 있다.

키르케고르가 쓴 자아의 개념을 읽은 후 나는 감동의 눈물을 흘렸다. 이럴 수가! 이렇게나 명석한 사람이 있다니! (난 애들 동물 그림책에 나오는 퀴즈에 제대로 답하는 것도 어려운 사람인데!) 사실 솔직히 말하자면 저 문장을 읽고 도저히 무슨 말인지 알 수가 없었다. 그래도 키르케고르만 재밌었으면 됐지 그게 다 무슨 상관인가?

그러나 그의 농담은 여느 농담과는 다른 철학적 농담으로, 진지하게 살펴볼 필요가 있다. 그럼 이제 우중충한 키르케고르의 농담 속으로 들어가 보자.

키르케고르에 따르면 자기(혹은 '정신')는 두 개의 상반되는 축을 연결하는 **행동**이다. 이 두 축은 아주 단순화하여 생각하자면 '육체'와 '영혼'이다. 둘을 연결하는 행동은 단 한 번으로 완결될 수 없으며 자동으로 이루어지지도 않는다. 자아를 유지하기 위해서는 둘을 연결하는 행동을 끊임 없이 수행해야 한다. 종합으로서의 자아를 확립하려는 이 시도는 '중용'을 통하여 덕을 이루려는 아리스토텔레스의

유한한 것
시간적인 것
필연적인 것

육체

무한한 것
영원한 것
가능한 것

영혼

자기 = 정신 = 자유

다른 것

시도와 유사하다. '육체'만을 자기로 보고자 하는 견해는 옳지 않다. (이는 자아의 문제에 물질적으로만 접근하는 방식이며, '감각주의' 혹은 키르케고르가 말하는 '심미주의'로 기울어진다.) '영혼'만을 자기로 보고자 하는 견해도 곤란하다. (이는 자아에 대한 데카르트적 접근법에 해당하며, '수도원주의'로 기울어진다.)

키르케고르는 인간이 **육체와 정신** 모두를 자기로 인식해야 하며, 둘의 조화를 이뤄내야한다고 믿었다.

키르케고르는 그렇지 않아도 복잡한, 자기에 대한 정의에 이런 문장을 덧붙인다.

> 인간의 자기는 그처럼 파생된, 정립된 관계이며, 자기 자신과 관계할뿐더러 자기 자신과 관계하는 가운데 타자와도 관계하는 관계이다.

따라서 우리는 육체와 영혼 사이의 관계뿐 아니라 자기와 '타자' 사이의 관계 또한 유지해야 한다. 키르케고르의 생각은 헤겔의 유명한 자기 분석에 바탕을 두고 있다. 키르케고르는 헤겔의 영향을 많이 받았지만, 동시에 그의 사상에 깊은 반감을 가지고 있기도 했다. (앞서 소개한 키르케고르의 '말장난'은 사실 헤겔을 겨눈 것이며, 그의 난해하고 역설적인 문체를 풍자적으로 따라한 것이다.) 헤겔은 《정신 현상학》에 등장하는 '주인과 노예' 절에서 다음과 같이 썼다.

좋기도 하고, 싫기도 하고.

"자의식은 그 자체로서 단독으로 존재하며, 그렇기 때문에
다른 자의식을 위해 존재한다."

헤겔은 우리의 자아는 타인의 인정을 받음으로써만 존재한
다고 믿었다. 주인은 노예가 그를 주인으로 보기 때문에 주인
으로 존재하는 것이고, 노예는 주인이 그를 노예로 보기 때
문에 노예로 존재하는 것이다. 이 경우 서로가 서로의 존재
를 구성한다고 볼 수 있다.

헤겔은 이 사실을 토대로 서로 대립하는 둘 사이의 상호의존과 대립을 통한 복잡한 <u>변증법</u>적 체계를 세웠다.

키르케고르 또한 자아가 타자에 의해 구성된다고 보았다. 종교적 자아는 신에 대한 약속과 헌신으로 빚어지며, 윤리적 자아는 인류, 혹은 특정한 사람에 대한 헌신으로 이루어진다.

(키르케고르는 **결혼** 역시 그러한 윤리적 자아에 대한 결정적 관계로 보았다. 만약 키르케고르가 레기네 올센에게 자신을 바쳤다면 윤리적 자아를 정립할 수 있었을 테지만, 그는 헌신의 대상으로 레기네가 아닌 신을 선택했다.)

키르케고르가 말하는 자아실현은 앞서 설명한 것보다 훨씬 더 복잡하다. 각자가 처한 역사적, 문화적, 지리적 환경뿐 아니라 유전적 자질까지 고려해야 하니 말이다. (그렇다고 키르케고르가 인간을 이러한 환경의 단순한 **결과물이나 희생물**로 본 것은 아니다.) 이러니 사람들이 진정한 자아를 실현하지 못하여 절망하는 것도 당연하다. 《죽음에 이르는 병》은 절망의 여러 형태에 대해 쓴 책이다. 그럼 이제부터 키르케고르가 말하는 절망의 종류를 간략하게 살펴보자.

그가 말한 절망은 "자신의 진정한 자아가 되려는 의지"와 반대되는 개념이며, "죽음에 이르는 병"이다. 절망은 육체적 죽음으로 이어지지는 않지만, 죽음을 **갈망하게** 한다.

절망에 빠진 사람은 (잠재적으로) 자신이 될 수 있는 자아에 대한 희망을 상실하여 절망에 빠지며, 그 결과 무가 되고 싶어 한다. 그러나 인간은 "자신을 소멸시킬 수도, 제거할 수도, 무가 될 수도 없으며" 이는 절망의 원인이 된다. 이러한 상황에 직면한 인간은 죽음을 열망하게 되는데, 대부분의 경우 이 열망은 무의식 속에만 존재한다. 절망에는 무의식적 절망에서 뚜렷한 의식을 동반하는 절망까지 다양한 종류가 있다.

키르케고르는 "자각이 클수록 절망은 강렬하다"고 말했다. 다행인 것은, 절망이 강렬할수록 이에 대한 해결책도 가까이 있다는 점이다.

무의식적 절망

의식적 절망

무의식적인 절망에 빠진 사람들은 자신이 자아를 이뤄야 한다는 사실조차 의식하지 못하며, 그 결과 자신이 아닌 것과 자신을 동일시한다. 이 경우 이들의 자아는 바람 앞의 등불처럼 위태롭게 흔들린다.

무의식적인 절망은 허무를 낳는다. "영혼의 뒤편에 놓인 문을 열어보아도 그 안에는 아무것도 없기 때문"이다.

가장무도회에서의 절망

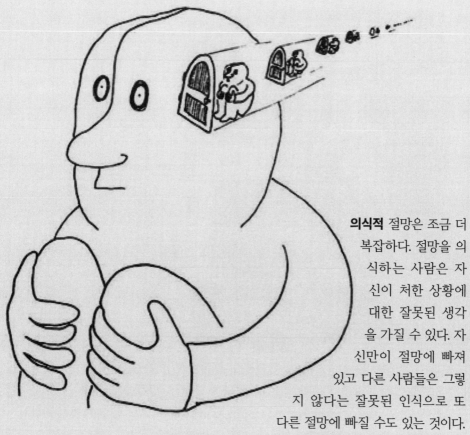

의식적 절망은 조금 더 복잡하다. 절망을 의식하는 사람은 자신이 처한 상황에 대한 잘못된 생각을 가질 수 있다. 자신만이 절망에 빠져 있고 다른 사람들은 그렇지 않다는 잘못된 인식으로 또 다른 절망에 빠질 수도 있는 것이다. 절망을 제대로 인식하기 위해서는 인간이라면 누구나 절망에 빠질 수밖에 없다는 것을 인식해야 한다. 절망은 인간으로서의 조건이라는 말이다.

잘못 인식된 절망은 **내향성**을 띤다. 이 경우 영혼의 뒤편에 놓인 문 뒤에는 "자아가 들어앉아 있기는 하지만, 그 자아는 자기가 될 의지가 없이 시간만 보내고 있는 또 다른 자아를 물끄러미 바라보고 있을 뿐이다." 이는 햄릿의 절망과 유사하다. 쉽게 행동에 나서지 못하는 햄릿은 궁으로 배우를 불러들여 원래 자신이 취해야 할 행동을 배우가 연극에서 대신하게 만든다.

키르케고르에 따르면 의식적 절망 상태에서 겪을 수 있는 가장 큰 위험은 자살이며, 우리가 이 사실을 깨달을 때 햄릿에 대한 비유는 더 적절하게 다가온다. 무의식적 절망 상태에서는 무의식에만 머물렀던 죽음에 대한 열망이, 의식적 절망 상태에서는 의식의 영역으로 나오기 때문이다. 그렇다면 절망을 의식하는 사람은 모두 자살을 택할까? 다행히도 그렇지는 않다. 의식적 절망에서는 절망이 더욱 격렬해지기 시작하는데, 그 격렬함 속에서 삶에 대한 의지를 찾을 수 있기 때문이다. 죽음에 대한 열망을 이겨내고 자살의 유혹을 무사히 넘겼다는 것은 스스로 자신의 실존을 바란다는 의미다. 그러한 경우 그는 자기를 간절히 원하지만, 그와 동시에 자기 스스로는 자아를 실현할 수 없다는 것을 안다. 그리고 이는 또 다른 절망의 원인이 된다.

(여기서 설명하는 절망의 인식 과정은 모두 키르케고르 자신의 경험이다. 그는 절망의 여러 단계를 직접 거치며 경험하였고, 자신의 사례를 보편화하여 인류에 대입했다.)

이러한 형태의 절망이 한 걸음 나아가면 키르케고르가 말한 **반항적 절망**으로 진행된다. 이 단계에서는 절망을 의식하고 수용하는 것에 그치지 않고, 절망에 대한 반감을 품게 된다. 반감은 맹렬한 분노로 변하며, 결국 자기 스스로가 자신의 고뇌와 분노의 대상이 된다. 자아는 점점 결정이 맺히듯 확고해지고 우리는 의도했던 바대로 자아를 가지게 되지만, 이는 '악마적 자아'

더 이상은 못 참겠다!

다. 분노가 격해지면 반감의 대상과의 싸움이 시작된다. "이 상태에 이른 사람은 자신의 불행을 빼앗길 수도 있다는 생각에 분노한다." 불행을 빼앗길 경우 절망과 함께 격렬한 반감이나 열정도 사라지기 때문이다. 그런데 이 싸움은 이길 수도 없고 이겨서도 안 되는 싸움이다. 우리의 자아를 소외시키는 그 반감의 대상이 바로 우리 자신이기 때문이다. 이 싸움에서 이기면 우리는 스스로를 잃게 된다. 자아를 잃은 우리는 무가 된다.

이 불행은 내 거야! 뺏을 생각은 하지도 말라고!

악마적 자아의 분노가 극한에 다다라 벼랑 끝에 몰리게 되면 키르케고르가 말하는 진정한 자아로의 '도약'에 한 발짝 가까이 다가가게 된다. 그렇다면 그 가능성을 어떻게 실현할 수 있을까? 이를 이해하기 위해서 우선 키르케고르가 말한 세 가지 자아에 대하여 알아보자.

8. 실존의 3단계

The Three Spheres of Existence

키르케고르는 인간의 실존 방식을 세 가지로 나눴다.

'심미적 실존',

'윤리적 실존',

키르케고르는 심미적, 윤리적, 종교적 실존을 두고 인간이 살아가며 거치는 '삶의 단계'라 칭하곤 했지만, 사실 이 세 가지 실존 방식은 각각 독립적인 이상과 동기, 행동 양식을 갖춘 온전한 하나의 세계관에 가깝다. 인간은 자신의 실존 방식, 즉 준거 틀을 자유롭게 선택할 수 있지만, 심미적 실존은 윤리적, 종교적 실존에 비하여 원초적이다. 자신의 실존 방식으로서 '심미주의'를 의식적으로 선택하는 사람도 있지만, 세상을 살아가는 근본적인 자세를 의식적으로 선택하는 과정 없이 심미적으로 살아가는 사람 또한 존재하기 때문이다.

그리고 '종교적 실존'.

심미적 실존 방식

The Aesthetic Sphere

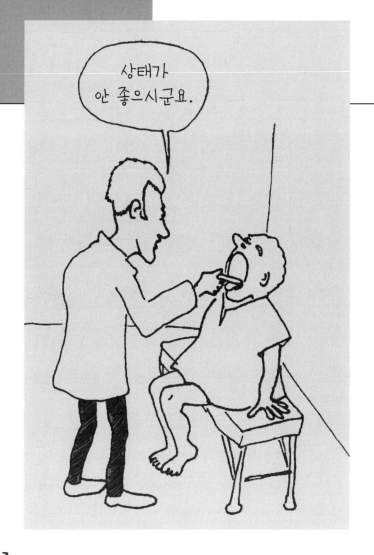

키르케고르는 심미적 삶으로는 진정한 자아를 찾을 수 없으며, 오히려 자아로부터 소외될 뿐이라고 생각했다. 그래서 심미적 실존 방식을 설명하고, 이에 대한 진단과 치료법을 제시하는 데 많은 시간을 투자했다. 키르케고르는 심미주의자에 속하는 다양한 가상의 인물을 필자로 삼아 심미적 실존을 분석한 저작물을 내놓았다. (이는 물론 그가 즐겨 활용했던 반어적 간접 전달법에 속한다.) 키르케고르가 내세운 가상의 저자들 중 일부는 심미주의자로서 자신이 지닌 결점을 알고 있었던 반면, 일부는 타인의 약점에 대해서만 날카로운 통찰을 보일 뿐 자신의 결함에 대해서는 무지했다.

심미적 실존이 세 가지 실존 방식의 서열 중 한 단계이듯, 심미적 실존 내에서도 서열은 존재한다. 가장 고상한 (고로 어찌 보면 병세가 가장 심각한) 심미주의자는 계층의 꼭대기에, 가장 투박하고 원초적인 심미주의자는 밑바닥에 속한다. 원초적 심미주의자는 요즘으로 치자면 일요일 오후에 속옷 바람으로 소파에 너부러져 맥주를 마시며 풋볼 경기를 연달아 보고 있는 사람에 해당한다. 키르케고르는 물론이고, 그가 만들어낸 가상의 고상한 심미주의자들 또한 원초적 부류의 심미주의자를 경멸해 마지않았다.

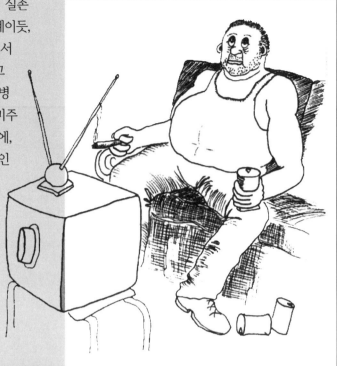

이런 부류의 동물적 생명체는 결코 남성의 욕망과 여성의 욕정의 결과물이 아니다. 다른 하등동물과 마찬가지로 이러한 부류는 강한 번식력을 특징으로 하며, 끊임없이 증가한다. 이런 존재의 탄생에 아홉 달이라는 시간이 필요하다는 것은 가히 믿기 어려운 일이며, 차라리 어디선가 한꺼번에 대량으로 만들어진다고 하는 편이 더 그럴싸하다.

원초적 심미주의자들의 바로 위에는 사업가들이 있다. (키르케고르는 사업가들이 약삭빠른 거래가 주는 기쁨을 추구하고 이를 '선'으로 본다는 점에서 이들을 심미주의자로 분류했다.) 키르케고르가 창조해낸 가명의 저자들 눈에는 이들 또한 원초적 심미주의자보다 하등 나을 것이 없었다.

세상에는 우스운 일이 많지만, 보고 있기에 가장 우스꽝스러운 것은 바삐 일터로 향하고 식사조차 정신없이 하는 바쁜 사업가들의 모습이다. 중요한 순간 사업가의 코에 파리가 앉거나 바쁜 사업가보다 더 바삐 앞을 지나던 마차가 그에게 흙탕물을 튀기는 모습을 보면, 또는 길을 재촉하는 사업가의 코앞에서 도개교가 열리거나, 길거리를 지나다 떨어진 기와에 머리를 맞고 죽는 사업가의 모습을 보면 나는 웃음이 나서 견딜 수가 없다.

(키르케고르는 떨어지는 기와에 이상하게 집착했다.)

마지막으로 심미적 실존의 가장 높은 단계에는 귀족적 쾌락주의가 있으며, 이들은 미를 함양하고 추구한다는 점에서 다른 두 부류와 다르다. 키르케고르는 주로 여기에 속하는 고상한 심미주의자들에 초점을 맞춰 분석했는데, 그 이유는 다음과 같다.

우선 키르케고르는 자신이 엘리트로 태어났기 때문에 원초적이고 단순한 부류의 행동에 공감하거나 이를 호의적으로 분석할 수가 없었다.

게다가 어차피 원초적 심미주의자들이 키르케고르의 책을 읽거나 그의 주장에 관심을 보일 리가 없었다.

또한 키르케고르는 그 자신이 고상한 심미주의에 빠질 위험성을 알고 있었고, 그렇기 때문에 이를 더욱 철저히 분석했다. 실제로 귀족적 쾌락주의에 대한 그의 통찰은 대부분 자기분석에 기반을 두고 있으며, 그의 분석은 타인의 행동에 대한 서술인 동시에 자기

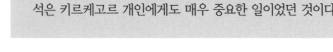

고백적이다. 다시 말해, 귀족적 쾌락주의에 대한 분석은 키르케고르 개인에게도 매우 중요한 일이었던 것이다.

가장 단순한 형태부터 가장 고상한 형태에 이르기까지 심미주의자들에게는 한 가지 공통점이 있다. 바로 쾌락을 추구하고 고통을 피하려 한다는 점이다. 이들은 프로이트가 말한 '쾌락 원칙'에 따라 살아간다.

그럴 만하니까 그렇게 **불렸지.**

그런 의미에서 '심미주의'는 쾌락주의에 속한다고 볼 수 있다. 심미적 영역에서 사는 사람들은 감각적 충족을 추구하고, 감각 원칙의 지배를 받는다. 물론 감각을 충족시키는 방법은 모두 다르다. 어떤 이는 초콜릿 도넛과 값싼 와인으로 배를 채우는 포만감을, 어떤 이는 경쟁 업체를 밀어냈을 때 느끼는 짜릿함을, 어떤 이는 셰익스피어의 소네트를 논할 때 느끼는 섬세함을 즐긴다.

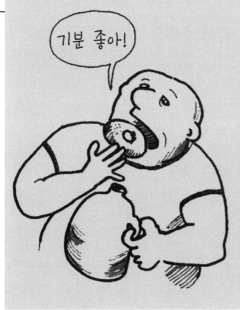

기분 좋아!

쾌락 원칙에 따르는 삶의 결과는 어떨까? 원초적 심미주의든 고상한 심미주의든, 의식적이든 무의식적이든 결과는 마찬가지다. 바로 자아에 대한 통제력 상실이다. 심미주의자의 삶은 언제라도 변할 수 있고 예측 불가능한 외부 요소의 지배를 받을 수밖에 없기 때문이다.

그뿐 아니라 심미주의자들은 진정 **인간다운** 자아를 성취할 수 없다. 이들이 따르는 원칙은 아메바나 민달팽이가 따르는 원칙과 크게 다를 게 없기 때문이다. 쾌락과 고통으로 말미암은 동기 부여는 근본적으로 생물학적인 성격을 띨 수밖에 없다. 고상한 쾌락은 언뜻 '정신적인' 것으로 비칠 수도 있지만, 키르케고르에 따르면 이는 환상에 지나지 않는다. 사실 단순한 심미에서 세련된 심미로 발전하는 진화 또한 인간의 쾌락이 단순한 육체적 자극에 머무르지 않고 **의식**의 형태를 취해야 한다는 깨달음을 바탕으로 일어나는 것이다. 고상한 심미주의자는 쾌락의 추구 그 자체가 결국은 권태를 불러온다는 것을 알고 있지만, 그는 심미적 영역 **안에서** 이 문제를 해결하려 한다. ('그녀'라고 칭하지 않는 이유는 키르케고르의 심미주의자는 늘 남성이었기 때문이다.) 그는 권태를 해결하고자 이국적이고 낭만적인 영혼의 관능적 세계를 만들어낸다. 그러나 심미주의자는 그 권태가 사실은 절망의 발현이라는 것을 알아채지 못한다.

"권태는 모든 악의 근원이다. 그 역사는 이 세상이 창조된 시점까지 거슬러 올라갈 수 있다. 신은 지루해서 인간을 만들었다. 아담이 혼자서 지루해하자 신은 이브를 만들었다. 그러므로 권태는 세상에 들어와 인구의 증가에 비례하여 증가했다. 처음에는 아담 혼자만 지루해했지만, 시간이 지나며 아담과 이브가 함께 지루해했다. 그러다 카인과 아벨이 태어나고 **온 가족**이 지루해했으며, 다시 시간이 지나 세상의 인구가 늘자 세상이 **일제히** 지루해했다. 이들은 권태를 이기기 위해 천국까지 닿는 높은 탑을 세워보자는 생각을 했다. 이 생각마저도 권태로 윘는데, 높은 탑을 짓겠다는 생각 자체가 권태의 승리를 의미했기 때문이다."

93

이 고상한 심미주의자는
이런 결론을 내린다.

세상에는 단순하게 지루한 사람('군
중', '무리')이 있고 고상하게 지루
한 사람('선택된 이들', '귀족')이 있
다. 단순하게 지루한 사람은 타인을
권태롭게 하고, 고상하게 지루한 사
람은 자신을 권태롭게 한다. 고상한
권태의 자연적인 결과는 죽음이다.
고상한 심미주의자는 "권태를 이기
지 못해 죽거나(수동적 형태) 호기
심을 이기지 못해 자신을 쏴버
린다(능동적 형태)."

농장주

위의 문장을 쓴 심미주의자는 쾌락
추구의 결과로 나타나는 권태를 막
기 위해 '윤작법'을 권한다. 이 방법
으로 자신만의 쾌락의 세계를 만
들 수 있다는 것이다. 그러기 위해
서는 우정, 사랑, 결혼, 사업, 모든
종류의 약속, 강렬한 쾌락이나
고통을 피해야 한다. 그 모
든 것을 피한 상태로 스
스로 예측 불가능한
쾌락을 만들어낼 수
있는 행동을 하는 것
이 바로 윤작법이다.

감정적인 사람을 이리저리 졸라도 좋고, 사랑에 빠져도 좋다. 단, 실제 여성이 아닌 여성이라는 **개념**과 사랑에 빠져야 한다. 그래야만 여성이 죽어도 영향을 받지 않을 것이니 말이다. (사실 더 나을 수도 있다!) "연극을 중간부터 봐도 좋고, 책을 3장부터 읽어도 좋다." 삶의 바깥에서 방관자이자 조종자로 살아야 한다. 그렇게 해야지만 자유가 필연에 빠지는 것을 막고, 삶을 예측할 수 없는 작은 놀라움으로 채울 수 있다. 운만 좀 따라준다면 인생의 지루함에서 우리를 구해낼 수 있을지도 모른다.

그러나 윤작법을 통한 쾌락의 추구가 격렬해질수록 심미주의자는 더 큰 절망에 빠져 자살에 가까워질 수밖에 없다. 키르케고르는 일지에서 냉소적인 태도로 세상에 대한 권태를 비꼬았다.

"교미의 순간에 죽는 것으로 잘 알려진 곤충이 있다. 그 곤충은 기쁨만을 느끼며 죽는다. 최고로 풍요로운 쾌락의 순간은 죽음과 연결되어 있다."

우리는 여기에서 키르케고르가 성적 쾌락, 즉 모두가 가장 원하는 극단적인 쾌락을 죽음과 연관시키는 것을 볼 수 있다. 75년 후의 프로이트처럼 키르케고르도 쾌락 원칙의 비밀은 죽음에 대한 갈망이라는 점을 발견한 것 같다. 그의 이런 발견은 심미주의에 대한 전면적인 비판으로 이어진다.

쾌락 원칙의 실체를 깨달은 후에도 심미적 영역에 머무르기를 고집한다면 결국 냉소적인 무감각에 빠질 수밖에 없다. 세상 모든 것에 물려버린 키르케고르의 쾌락주의자는 이렇게 썼다.

그리고…

만일 그대가 결혼한다면, 그대는 그것을 후회할 것이다. 만일 그대가 결혼하지 않는다면, 그대는 또 그것도 후회할 것이다. … 그대가 결혼을 하든 하지 않든, 그대는 후회할 것이다. 세상의 어리석음을 비웃어도 혹은 그 어리석음에 눈물을 흘려도 후회할 것이다. … 목매어 자살하라. 그대는 그것을 후회할 것이다. 목매어 자살하지 마라. 그대는 또 그것도 후회할 것이다. 목을 매든 매지 않든 그대는 후회할 것이다. 여러분, 이것이 바로 모든 철학의 요점이자 실체이다.

키르케고르가 "열정적인 강의"라고 부른 이 글의 마지막 부분은 심미적 사고방식을 향한 그의 공격이 드러내는 또 다른 의미를 담고 있다.

사실 이 '강의'의 결론은 **모든** 철학의 요점이자 실체라기보다 키르케고르가 생각하는 **헤겔** 철학의 요점이자 실체였다. 헤겔의 형이상학이 키르케고르에게 큰 영향을 주었다는 점은 이미 앞서 언급한 바 있다. 헤겔은 가장 유명한 '추종자'에게서 가장 강렬한 공격을 이끌어내는 재주가 있었던 것 같다. 카를 마르크스가 그랬고, 쇠렌 키르케고르가 그랬다. 키르케고르의 저서 제목 중 일부는 헤겔철학에 대한 조롱을 담고 있다. 자신만의 철학 이론을 완성했다 믿었던 헤겔은 자신의 '체계'가 대부분의 철학적 문제를 해결했다고 생각했다. 물론 결론을 내리지 못한 부분도 일부 있음을 시인했지만, 자신의 제자나 추종자들이 추후 덧붙이게 될 짧은 후기 몇 편이면 해결될 것이라 생각했다.

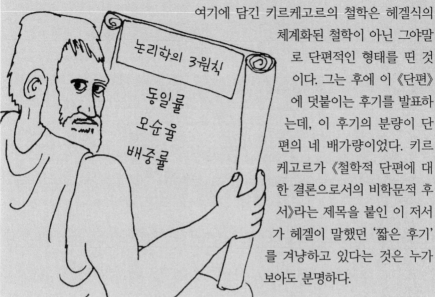

키르케고르는 이에 대한 반응으로 《철학적 단편》을 썼다. 여기에 담긴 키르케고르의 철학은 헤겔식의 체계화된 철학이 아닌 그야말로 단편적인 형태를 띤 것이다. 그는 후에 이 《단편》에 덧붙이는 후기를 발표하는데, 이 후기의 분량이 단편의 네 배가량이었다. 키르케고르가 《철학적 단편에 대한 결론으로서의 비학문적 후서》라는 제목을 붙인 이 저서가 헤겔이 말했던 '짧은 후기'를 겨냥하고 있다는 것은 누가 보아도 분명하다.

키르케고르는 또 다른 저서인 《이것이냐 저것이냐》에서도 헤겔을 비꼬고 있다. 헤겔은 자신의 저서에서 기원전 3세기 철학자 아리스토텔레스가 정립했던 전통 논리학에서 오류를 발견했다고 주장했다. 헤겔에 따르면 아리스토텔레스의 동일률(A는 A이다, A=A), 모순율(A이다와 A가 아니다는 동시에 성립할 수 없다), 배중률(A이거나 A가 아니거나 둘 중 하나는 반드시 참일 수밖에 없다)은 현실을 곡해하고 있다. 그는 아리스토텔레스의 논리학은 이 세상을 정적인 것으로 보고 있으며, 현실을 흑과 백으로만 나눈다고 주장했다. 헤겔에게 현실은 끊임없이 움직이는 유동체였으며, 단순한 흑과 백이 아니라 무한히 변화하는 다양한 회색빛이었다. 그는 아리스토텔레스의 전통적 논리학 법칙을 뒤엎고 그 자리에 자신의 변증법적 논리를 세우고자 했다. 헤겔은 모든 것은 항상 그 자신을 **넘어서는** 것이라며 **동일률**을 비판했고, 모든 것은 그 자신인 동시에 자신이 **아니라**며 **모순율**을 비판했다. 그리고 "이것이냐 저것이냐"의 **배중률**을 "이것인 동시에 저것일 수 있다"고 반박하며 아리스토텔레스가 고려하지 않았던 다양한 가능성이 존재한다고 주장했다.

키르케고르 또한 만물은 끊임없이 변화한다는 헤라클레이토스적 세계관은 이해하고 있었다. 그러나 그는 헤겔이 아리스토텔레스의 논리학 법칙을, 그중에서도 배중률을 비판한 것은 중대한 실수라고 여겼다. 키르케고르는 헤겔이 배중률을 비판함으로써 사물 간의 모든 구분을 없애버렸고, 그 결과 헤겔이 세운 형이상학 세계는 '모든 소가 검게 보이는 어두운 밤'으로 끌려 들어갔다고 주장했다. 그뿐 아니라 헤겔은 인간이 지닌 결단력, 나아가 자유의 가능성을 배제해버렸다. 키르케고르가 보기에 헤겔은 인간을 인간으로 만드는 주체성에 대한 전쟁을 선포한 것이나 마찬가지였던 것이다. 이에 키르케고르는 자신의 저서에 《이것이냐 저것이냐》라는 제목을 붙이고 자아로부터의 소외를 부추기는 현대적인 현상, 즉 '심미주의'의 공범으로 헤겔을 지목해 비판하였다.

모든 소가 검게 보이는 어두운 밤

윤리적 실존 방식

The Ethical Sphere

키르케고르는 심미주의를 논하며 권태뿐 아니라 자유의 문제 또한 언급했다. 우리는 모두 사회의 테두리 안에서 살아갈 수밖에 없는데, 사회가 개인에게 부과하는 여러 요구는 자유의 상실을 불러오게 된다. 사회는 인간으로 하여금 어린 시절부터 엄격하게 정해진 한계 안에서 행동하게 한다. 즉, 주어진 **역할**에 맞추어 전형적으로 행동하게 만드는 것이다.

직업적 역할, 가정 내에서의 역할, 성격에 따른 역할, 역할 내에서의 역할까지. 이러한 여러 역할은 그 역할에 걸맞은 전형적인 행동을 수반한다. 대부분의 역할은 사회적으로도 유용하다. 역할은 사회 구성원들이 동의한 인간의 상호작용 방식으로서, 서로 간의 오해나 폭력, 심지어 무정부 상태를 초래할 수 있는 사회 붕괴의 가능성을 없애준다.

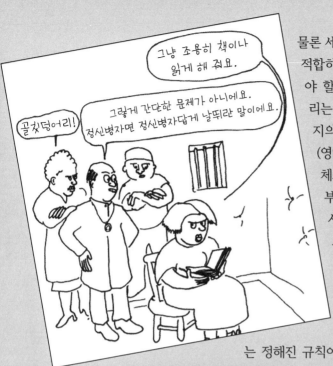

물론 세상에는 사회적으로 부적합하거나 병적이라고 보아야 할 역할도 존재한다. 우리는 모두 하루에도 몇 가지의 역할을 소화해낸다. (영업사원, 남편, 아버지, 체스 선수, 교회 집사, 학부모회 임원.) 그중에는 서로 겹치는 역할도 있고, 가깝게 닿아 있는 역할도 있으며, 모순되는 역할도 있다. 우리가 생각해낼 수 있는 거의 모든 행동에는 정해진 규칙이나 관습, 절차나 형식이 존재한다. 사람들은 정해진 규칙 내에서 이해하거나 분석할 수 없는 행동을 비이성적이거나 광기 어린 행동으로 보기도 한다. (그러나 사실 비이성이나 광기에도 나름의 전형적인 요소는 존재한다. 비이성이나 광기가 예측 불가능하리라는 점은 예측이 가능하니 말이다.) 인간의 사회적 역할을 강조하는 이 주장을 <u>행동주의</u> 추종자들은 환영했을지도 모르지만, 키르케고르는 끔찍하게 생각했다. 인간이 역할에만 치중하다보면 '자아'라는 단어에 담긴 의미가 모두 사라지게 되기 때문이다. 역할은 자아를 보호하는 갑옷과도 같은 것이다. 그런데 갑옷 안이 텅 비어 있다면 어떻게 해야 할까? 우리는 자아가 아티초크[3] 같은 것이며, 겉을 감싼 갑옷을 벗겨가다 보면 '심지'가 나타날 거라고 생각한다.

---

3) 꽃봉오리 모양으로 되어있는 채소로, 이파리를 떼어내다 보면 가운데 수술이 나온다 - 옮긴이

그런데 자아가 아티초크가 아닌 양파 같은 거라면
어떻게 해야 할까? 마지막까지 벗겨도 계속 똑같은
껍질이 나올 뿐 핵심이 없다면 어떻게 해야 하는 걸
까? 키르케고르가 《이것이냐 저것이냐》 1권의 저자
로 내세운 젊은 심미주의자는 (젊은 시절 키르케고
르가 그랬듯) 전혀 예측할 수 없는 여러 역할을 은밀
히 오가며 생활한다면 자유를 얻을 수 있다고 주장
했다. 여기서 우리는 그가 예측 불가능성을 자유와
동일시한다는 것을 알 수 있다. 키르케고르는 같은
책에 등장하는 윤리주의자 빌헬름 판사의 입을 빌려
젊은 심미주의자를 꾸짖으며 그가 자유를 찾고자 한
다면서 정작 자유로부터 도망치고 있다고 말한다.

예측할 수 없는 여러 자아를 오간다는 심미주의자의 자아는 어떤 모습일까? 아마도 서로 섞일 수 없는 여러 역할로 분열되어 있을 것이다. 그가 어떤 역할을 하고 있는지 예측할 수 없을지는 몰라도, 모든 역할은 여전히 사회의 영향 하에 있을 수밖에 없다. 심미주의자는 자신이 그러한 여러 역할 뒤에 놓인 자아를 잘 보호하며 보살피고 있다고 믿겠지만, 이는 착각이다. 그의 자아는 깨진 거울에 조각조각 비친 기괴한 역상逆像일 뿐이다. 이러한 심미주의자의 자아는 평범한 사람의 자아보다 더 복잡하지만, 그렇다고 해서 그가 무한히 많은 역할을 수행할 수 있는 것은 아니다.

빌헬름 판사는 젊은 심미주의자를 꾸짖는다.

그대는 인생은 가장무도회이며, 그것이 고갈되지 않는 즐거움을 가져다주었다고 말했다. 타인에게 드러낸 모습은 모두가 환상이었으므로 그 누구도 그대를 알아내지 못했다고 말했다. 지금 그대는 은신처를 지키는 데 집중하고 있고, 이는 성공적이다. 그대의 가면은 그 어느 것보다도 수수께끼 같다. 사실 그대는 아무것도 아니다. 그대는 오직 타자와의 관계 속에만 존재하며, 그 관계에 의해서만 그대로서 존재한다.

바로 이것이 심미주의의 주된 문제다. 키르케고르에 따르면 심미주의는 삐뚤어진 역할놀이의 일종일 뿐이며, 심미주의자의 자아는 무의미한 가면의 집합일 뿐이다. 그들은 사회에 대한 반항의 의미로 다양한 가면을 쓴다고 주장할 수 있지만, 어쨌든 그 가면은 모두 사회가 만든 것이라는 점에는 변함이 없다.

빌헬름 판사의 훈계는 계속된다.

"시간이 흐르고 한밤중이 되면 결국 모두가 가면을 벗어야 할 때가 오는 것을 모르고 있는가? 그대는 삶이 그대의 조롱을 언제까지나 지켜보고만 있을 것이라고 생각하는가? 그대만은 한밤중이 오기 전에 도망칠 수 있다고 생각하는가? 혹은 그 시간이 오는 것이 두렵지 않은 것인가?
그대의 본성이 여러 갈래로 분열되고, 한 무리의 불행한 마귀들의 군대처럼 되어버리는 것보다 두려운 것이 무엇인가? 인간이 가장 깊은 곳에 간직한 가장 성스러운 것, 자아를 하나로 묶는 인격의 힘을 잃는 것이 두렵지 않은가?"

마귀의 군대에 대한 비유는 누가복음 8장 32절~37절에 등장하는 귀신 들린 남자 이야기에서 따온 것이다. 예수가 남자에게 들어간 귀신에게 이름이 무엇인지 묻자 귀신은 여럿의 '군대'라고 답했고, 예수는 마침 근처에 있던 돼지 떼에게로 귀신의 무리를 쫓았다. 돼지에게 들어간 귀신들은 근처에 있던 호수로 정신없이 달려 들어가 모두 물에 빠져 죽고 말았다.

심미주의자의 인격은 이 불행한 돼지 떼와 마찬가지로 분열되어 있으며, 그렇기 때문에 공존할 수 없는 다양한 역할이 그의 안에 함께 존재할 수 있다. 그러므로 분열적 성향을 띤 이 심미주의자는 자아가 없는 것과 마찬가지다.

그러면 어떻게 해야 자아를 얻을 수 있을까? 키르케고르는 **"자신을 선택하라"**고 말한다. 하지만 그건 또 어떻게 해야 할까? 자신을 선택하기 위해서는 우선 밀려드는 절망 속에서 '이것인가, 저것인가'를 선택해야 하는 지점까지 내몰려야 한다. 예전의 병든 자아를 소멸시키고 진정한 자아를 찾겠다는 열망과 의지가 폭발하는 지점까지 이르러야 하는 것이다.

인간은 이렇게 절체절명의 위태로운 순간까지 내몰려야지만 "도약"을 시도할 수 있다. 순전히 내면에서 끓어오르는 열망의 힘만으로 예전의 실존 방식(심미주의)을 등지고, 자아를 잃음으로써 자아를 찾는 것이다. 도약을 시도하는 심미주의자는 태어나서 처음으로 자아 도취적인 쾌락주의가 아닌 다른 관점으로 스스로를 판단하게 된다.

너에게 유죄를 선고한다.

(키르케고르는 이러한 이유 때문에 윤리적 영역을 대변하는 가상의 저자에게 판사라는 직업을 주었다.) 과거의 자아를 부정적으로 판단하게 된 심미주의자의 내면에는 새로운 자아가 구성되기 시작한다.

빌헬름 판사는 이렇게 썼다.

'이것이냐 저것이냐'의 선택은 선과 악 사이의 선택이 아니다. 오히려 그것은 선과 악을 선택할 것인가 아니면 선과 악의 문제는 완전히 배제할 것인가 사이의 선택이다. 여기서 제기되는 질문은 우리가 어떤 요인을 염두에 두고서 실존을 성찰하고 스스로 살아갈 것이냐 하는 것이다. … 심미주의는 악이 아니며 단지 중립일 뿐이다. … 그러므로 '이것이냐 저것이냐'의 선택은 선과 악 중 **어느 것을 원하는지**에 대한 질문이 아니며, 삶의 안에서 선과 악이라는 요인 자체를 **원할 것인지 아닌지**에 대한 질문이다. 선택을 하고 나면 선과 악을 인정하고 받아들이게 되는 것이다.

위의 말에 나타난 것처럼 빌헬름 판사는 특정한 윤리적 규범의 선택을 종용하는 것이 아니다. 실상 판사의 질문은 더 기본적이다. 세상에 윤리적 규범이 있다는 사실을 받아들일 것인지 말 것인지 묻고 있는 것이다.

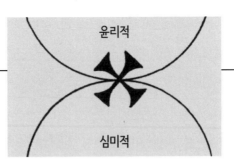

이 가장 원초적인 윤리적 결정이 위 그림에 X자로 표시된 지점에서 일어난다. 심미주의자들은 이 지점을 거쳐 윤리적 실존의 영역으로 넘어올 수 있으며, 윤리적 영역에 진입한 후에는 그 결정을 중심으로 자아를 형성해나간다. 물론 추상적인 선택 자체로 충분한 것은 아니며, 선택은 구체적인 헌신이나 약속으로 이어져야 한다. 키르케고르는 개인적으로 기독교도로서의 헌신에 열정적이었지만, 윤리적 자아 확립을 위한 헌신의 대상을 기독교로만 한정하지는 않았다. 칸트주의부터 공리주의, 불교, 사회주의, 무정부주의, 인본주의에 이르기까지 대상은 크게 중요하지 않았다. 그는 대상이 무엇이 되었든 두 가지 조건만 충족하면 처음의 윤리적 선택에 부합하는 결과로 보았다. 그 두 조건은 바로 자기완성을 위한 노력

과 자신이 아닌 다른 사람들을 위한 헌신이었다. (키르케고르는 타인에 대한 헌신을 언급하며 특정한 **한 사람**, 레기네 올센을 염두에 두었을 수도 있다. 《이것이냐 저것이냐》에서 빌헬름 판사는 결혼한 인물로 나온다. 그는 결혼의 미덕에 대한 장광설을 늘어놓는데, 그 내용이 어찌나 이상주의적이고 지루한지 결혼을 **안 해본** 사람이 썼다는 티가 물씬 난다.)

'도약', 다시 말해 근본적인 선택을 한 후에는 그 선택에 맞춰 자신을 만들어나가야 한다. 진정으로 **자신을 선택**했다면 개인의 역할은 더 이상 분열을 멈추게 된다. 여러 역할을 맡았어도 각각의 역할에서 자신의 도덕적 헌신이 표출되어 일관성이 생기게 된다. 물론 인간은 다른 사람들 사이에서 살아갈 수밖에 없으므로 어느 정도까지는 사회의 영향을 받을 수밖에 없다. 그러나 <u>결정론적인</u> 사회 체제 안에서도 자아는 전보다 자유롭게 표출될 것이다. 또한 자신이 선택한 도덕적 헌신과 양립할 수 없는 역할은 폐기될 것이다.

기독교도인 동시에
중고차 판매인이 될 수 있을까?

이제 마지막으로 이러한 '선택'으로 무엇을 얻을 수 있는지 빌헬름 판사의 말을 들어보자.

선택 그 자체가 인격을 깨우는 데 결정적이다. 선택을 하면 인격은 그 선택의 내용에 몰두할 수 있지만, 선택을 하지 않으면 인격은 시들어 소멸되고 만다.

여기서 110쪽의 그림을 떠올려 보자. 앞에서 자신을 평가하고자 하는 열망이자 윤리적 인격의 기준이었던 X는 윤리적 인격이 확고해지는 중심점이 된다고 했었다.
그럼 다음 도식을 살펴보자.

$$\frac{a}{b} \quad \frac{c}{d} \quad \frac{e}{f} \quad \frac{g}{h} \quad \frac{X}{Y} \quad \frac{i_x}{j_x} \quad \frac{k_x}{l_x} \quad \frac{m_x}{n_x} \quad \frac{o_x}{p_x}$$

알파벳 a부터 h까지는 심미주의자들에게 열려있는 선택이다. (a) 섬유질 시리얼을 먹을 것인가, (b) 튀긴 시리얼을 먹을 것인가? (c) 시를 쓸 것인가, (d) 해변에 갈 것인가? (e) 정장을 입을 것인가, (f) 티셔츠를 입을 것인가? Y는 윤리적 중립 상태에 머물기로 하는 결정을 상징한다. 이는 심미주의의 영역에 남겠다는 결정이며, 의식적이든 무의식적이든 간에 a에서부터 h까지의 결정에 전제되어 있다.

X는 근본적인 윤리적 선택을 상징한다. 윤리적 중립을 버리고 윤리의 존재를 받아들이기로 결정하면 그 선택에 따른 개인의 윤리적 인격이 생긴다. 그리고 이러한 개인의 윤리적 인격은 일종의 지표로서 미래의 모든 선택에 영향을 주게 된다. 즉, 환경적 요인 외에 개인의 윤리적 인격이 모든 선택의 기준으로 추가되는 것이다.

그뿐 아니라 이제부터는 선택을 할 때마다 자신을 평가하게 된다. 다시 말해, 앞으로는 모든 상황에서 도덕을 염두에 두어야 한다는 것이다. 이제 도덕적 중립은 없다. 만약 예를 들어 기독교적 윤리를 자신의 기준으로 선택한 사람이라면 모든 사회적 상황에서 "어떻게 하면 하나님의 사랑을 가장 잘 실천할 수 있을까?"를 자문해야 한다. 행동한 후에는 자신의 행동이 적합했는지 그렇지 않았는지, 즉 자신이 "유죄인지, 무죄인지"를 평가해야 한다. 마찬가지로 혁명적 공산주의를 신념으로 택한 사람은 모든 상황에서 "어떻게 해야 혁명에 도움이 될까? 어떻게 해야 인간에 대한 인간의 억압을 종식할 수 있을까?"라고 자문해야 한다. 행동 후에 자신의 유죄와 무죄 여부를 판단해야 함은 물론이다.

물론 아침 식사용 시리얼을 고르는 데 특별히 '기독교적' 믿음이나 '공산주의적' 신념이 끼어들 틈은 없을지도 모르겠다. 아마 윤리주의자들도 심미주의자들과 마찬가지로 별생각 없이 상황에 따라 고를 수도 있다. 하지만 어쨌든 키르케고르가 주장하고자 하는 바는 다음과 같았다. 심미주의자가 근본적인 도덕적 선택을 감행하고 이를 바탕으로 특정한 윤리적 규범을 따르게 되면 그에게는 윤리적 실존 영역이라는 새로운 세계가 열리고, 그때부터 모든 상황은 도덕적 상황이 된다. 진정한 기독교도나 공산주의자라면 세상의 절반이 굶주리고 있다는 것을 뻔히 알면서도 시리얼을 고르는 사치스런 선택을 스스로 허락했을까? 물론 키르케고르 자신도 여러 종류의 고급 브랜디와 시가를 놓고 선택을 즐겼다고는 하지만, 이와는 별개로 한 번 생각해볼 문제이기는 하다. 그런데 아무래도 키르케고르는 자기의 급진적인 주장에 대한 모범을 보이는 데에는 별로 소질이 없었던 것 같다.

종교적 실존 방식

The Religious Sphere

윤리적 실존의 가혹함은 독자들로 하여금 종교적 영역으로의 이주를 심각하게 고려해보게 만들기 위한 키르케고르의 전략이었을 수도 있다. 사실 키르케고르 자신은 저서에 기술한 윤리적 실존 영역에 머물러본 적이 없다. 일례로 그는 레기네와 결혼을 하지 않았다. 그가 나중에 밝힌 바에 따르면, 윤리적 실존을 설명하는 《이것이냐 저것이냐》는 "수도원에서 집필했다"고 한다.

빌헬름 판사는 심미주의자 청년을 향한 충고에서 윤리적 실존은 심미, 도덕, 종교의 균형이라고 말했다. 책에 나타난 판사 자신은 꽤 평범하고 심지어 지루한 인생을 살고 있는 것 같은 인상을 주지만, 어쨌든 키르케고르가 말하는 윤리적 실존 영역에는 확실히 가혹한 구석이 있다. 윤리적 실존을 추구하는 사람은 끊임없이 자신을 분석하고 판단해야 하며, 판단에는 유죄와 무죄만이 있을 뿐 유예는 없기 때문이다. 그 가혹함이란 보통 사람이 견디기 힘들 정도이다. 키르케고르 자신도 결국 인간을 무릎 꿇리는 "윤리적 절망"에 대하여 언급한 바 있다.

그러나 윤리적 영역에서 종교적 영역으로의 '도약'이 가혹함으로부터의 탈출을 보장한다고 봐서는 곤란하다. 키르케고르가 그리는 종교적 실존 영역은 꽤 황량하고 삭막하다.

키르케고르의 종교적 관점은 그가 쓴 모든 저작에 구석구석 스며있다. 종교적 실존에 관하여 가장 자세하게 서술한 작품은 작은 걸작이라 볼 수 있는 《두려움과 떨림》이다. 키르케고르가 등장시킨 요하네스 데 실렌티오라는 가명의 작가는 작품 속에서 성경의 아브라함과 이삭의 이야기를 이해해보고자 애쓴다. 요하네스는 여러 해설을 시도하지만 번번이 실패한다. 실패를 거듭한 끝에 절망에 빠진 그는 결국 이렇게 외치고 만다.

아브라함! 도저히 이해할 수가 없어요!

요하네스는 계속되는 실패에 결국 자신의 지적 능력까지 의심하게 된다. 아무리 봐도 주위 사람들은 별문제 없이 아브라함의 행동을 이해하고 있는 것처럼 보였기 때문이다. (물론 이는 키르케고르식의 반어법이다.) 그럼 우선 창세기 11장~22장에 소개된 아브라함과 이삭의 이야기 중 앞으로의 논의와 관련된 부분을 간략하게 알아보자.

아브라함은 히브리족의 세습 족장이었다. 그는 이복동생인 사라와 결혼을 하였는데, 그녀는 아이를 낳을 수 없었다. 아브라함이 일흔다섯이 되던 해, 여호와는 그에게 민족을 이끌고 자신이 보여 줄 땅으로 가라고 명한다. 여호와는 사라가 아들을 낳을 것이라 약속했고, 그 아들이 강대한 나라의 아버지가 되리라고 언약했다. 수년이 지났지만 사라는 임신을 하지 않았다. 그러다 아브라함이 아흔아홉이 되고 사라가 아흔이 되던 해 여호와가 나타나 다시 같은 약속을 했다.

몇 년 후 사라는 이삭을 낳았다. 아브라함은 여호와와 약속한 대로 이삭에게 할례를 행했고, 젖을 떼는 날 큰 잔치를 열었다. 그리고 창세기 22장 1절~2절에 나오는 무서운 밤이 찾아온다. 한밤중 잠에서 깬 아브라함의 귀에 여호와의 음성이 들린다.

네 아들, 네 사랑하는 독자 이삭을 데리고 모리아 땅으로 가서 내가 네게 일러 준 한 산, 거기서 그를 번제로 드리라.

아브라함은 이 사실을 아무에게도 알리지 않고 망설임 없이 이삭과 함께 길을 떠났다. 황량한 사막을 가로질러 사흘을 여행한 끝에 목적지에 다다랐고, 아브라함은 여호와가 말한 제단 위에 이삭을 눕혔다. 칼을 높이 들어 이삭을 찌르려는 순간, 신의 사자가 나타났다.
사자는 아브라함을 막으며

그가 시험을 통과했다고 말했고, 마침 근처에 있는 수풀에 뿔이 걸려 꼼짝 못 하고 있던 양을 잡아다가 대신 바치라고 했다. 아브라함은 결국 이삭을 잃지 않았다. 그들은 다시 마을로 돌아가 평생을 축복 속에 살았다.

이 이야기를 읽은 요하네스 디 실렌티오는 깜짝 놀랐다. 그는 성경에 등장하는 위대한 인물로서가 아니라 뼈와 살로 된 인간으로서의 아브라함을 이해해보려 애썼다. 하지만 그렇게 생각하자 도저히 아브라함의 행동을 이해할 수가 없었다. 이해는커녕 너무나도 무서운 얘기였다. 요하네스는 아브라함의 이야기를 읽고 '두려움과 떨림'을 느꼈고, 이는 책의 제목이 되었다.

우선 요하네스는 신의 명령에 아브라함이 보였던 확신을 이해할 수 없었다. 아브라함은 어떻게 자기가 사명을 정확히 이해했다고 확신할 수 있었을까?

게다가 아브라함의 힘 또한 이해할 수 없었다. 요하네스는 책에서 이런 질문을 던진다.

마지막으로 아브라함의 행동 자체가 흉악한 범죄자의 행동과 너무나도 유사하다는 점도 요하네스를 혼란스럽게 했다.

이 정도면 아브라함과 이삭의 이야기를 그냥 먼 옛날 성경 속 이야기로 치부하고 넘어갈 만도 하다. 하지만 요하네스는 그럴 수가 없었다. 아브라함의 이야기는 늘 믿음의 모범 사례로 꼽힐뿐더러, 다들 "아브라함은 우리 모두의 아버지"라고 말했기 때문이다. (책 속에서 요하네스는 종교가 없는 것으로 되어 있으나, 그는 믿음의 문제에 관심이 많다.) 그는 아브라함의 비밀을 밝힐 수만 있다면, 인류가 처한 여러 상황을 더 잘 이해할 수 있으리라 생각했다. 그래서 그는 아브라함의 이야기를 두려워하면서도 그토록 그얘기에 집착했던 것이다. 그는 키르케고르식의 '불안', 즉, '공감적 반감이자 반감적 공감'을 느꼈다.

아브라함을 완전히 이해하는 것은 불가능하지만, 부분적인 분석은 가능하다. 요하네스에 따르면, 아브라함의 행동은 '무한한 체념의 운동'과 '믿음의 운동', 양쪽 모두의 영향을 받은 '이중적 운동'의 결과이다. 전자는 아브라함으로 하여금 이삭을 포기하게 만드는 부정적인 요소이고, 후자는 이삭을 되찾게 만드는 긍정적인 요소다. 요하네스가 아브라함의 행동을 역설적이라 생각한 이유는 이 두 가지 요소가 같은 행동 안에서 동시에 나타났다는 데에 있다. 바로 이것이 종교적인 역설이다.

아브라함이 무한한 체념의 운동을 보이는 순간(그리하여 키르케고르가 말하는 '무한한 체념의 기사'가 된 순간) 그는 모든 것을 잃는다. 그는 '모든 좋은 것'을 포기한다. 이는 세상을 포기한다는 의미다. 그와 동시에 아브라함은 모든 사회적 권리와 책임, 가족으로서의 의무와 사랑 또한 내려놓는다. 아내인 사라를 남겨둔 채 이삭을 데리고 사막으로 떠난 순간 아브라함은 이삭과 사라뿐 아니라 자신의 과거, 미래, 심지어 자아까지도 잃는다. (아브라함이 신의 말씀에 복종하기 전까지의 자아는 '윤리적 자아'에 해당되는데, 복종의 순간 그동안 믿었던 윤리를 포기하게 되므로 이는 자아의 상실이다.) 게다가 아브라함은 이러한 모든 상실에 무한히 체념한다.

그렇다면 이렇게나 고통스럽고 힘든 일을 굳이 하는 이유는 무엇일까? 무한한 체념으로 얻을 수 있는 것이 대체 뭘까? 키르케고르는 "무한한 체념으로 얻을 수 있는 것은 바로 자아다 … 무한한 체념을 이룬 후에야 믿음을 통한 실존의 달성 여부를 생각할 수 있다"고 말했다. 키르케고르는 모든 실존주의의 시금석이라 할 만한 말을 남겼다.

> 무한한 체념은 어떤 오래된 전설에서 언급되고 있는 셔츠와 같다. 실은 눈물로 자아내고, 옷감은 눈물로 색이 바래며, 셔츠는 눈물로 짜여진다. 그런데 이 셔츠는 무쇠나 강철보다 몸을 더 잘 보호한다 … 인생의 비밀은 모든 사람이 각자 자신의 셔츠를 짜야 한다는 것이다.

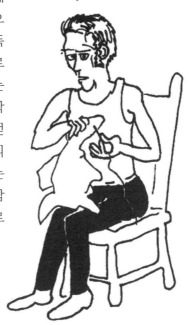

이 구절에서 알 수 있는 것은, 윤리적 영역에서 종교적 영역으로의 이행을 나타내는 X 지점은 여러 면에서 심미적 영역에서 윤리적 영역으로의 이행을 나타내는 X 지점과 똑같다는 사실이다. 이에 대해 키르케고르는 이렇게 말했다. "우리는 다음 영역으로의 이행을 통하여 각자에게 주어진 고귀한 존엄성을 얻게 된다. 이 존엄성을 통하여 우리는 스스로의 감찰관이 될 수 있는데, 이는 로마 공화국 전체의 대감찰관이 되는 것보다도 훨씬 명예로운 일이다."

우리는 도약을 통해 새로운 자아를 얻게 되지만, 이를 위해서는 낡은 자아를 희생해야 하지.

그러나 두 번째 '도약'은 첫 번째에 비해서 훨씬 더 두려운 것일 수밖에 없다. 심미주의에서 윤리로의 도약은 낡고 병든 자아로부터 멀어지는 일이지만, 윤리에서 종교로의 도약은 어찌 보면 전 인류를 등지는 일이기 때문이다. 아브라함은 이삭을 포기하며 자신을 희생했고, 키르케고르는 또한 레기네를 포기하며 자신을 희생했다.

아브라함과 이삭의 이야기를 들은 키르케고르가 <u>신약</u>의 한 구절을 떠올린 건 그다지 놀랄 만한 일도 아니다. 누가복음에 등장하는 이 구절은 사실 많은 이들이 불편해하는 구절이기도 하다.

> 무릇 내게 오는 자가 자기 부모와 처자와
> 형제와 자매와 더욱이 자기 목숨까지 미워하지
> 아니하면 능히 내 제자가 되지 못하리니
> (누가복음 14장 26절)

키르케고르에 따르면 무한한 체념은 순전히 개인의 실존을 위한 과제이며 사회적 맥락 내에서는 이해될 수도 정당화될 수도 없다. 요하네스 데 실렌티오 또한 아브라함 이야기의 가장 불편한 측면에 대해 이런 질문을 던진다. **"아브라함의 행동을 윤리적, 도덕적, 법적**(키르케고르는 이를 '보편성the universal'이라 총칭했다) **관점에서는 어떻게 설명해야 할 것인가?"** 그는 이 질문에 이렇게 자답하며 두려움에 떨었다.

아브라함의 행동은 보편성과 단절되어 있다. 그의 행동은 윤리를 전적으로 벗어난 행동이다.

아빠, 나 사랑하죠?

그럼! 하지만 널 희생시켜야 할 수도 있단다.

아브라함은 자신이 생각하는 더 높은 차원의 목적을 이루기 위하여 윤리적인 것을 져버렸다. 키르케고르는 이를 "윤리적인 것의 목적론적 정지"라고 불렀다. 이 윤리적 정지 행위에서 도덕적 정당화는 무의미하다. "아브라함과 이삭의 관계는 윤리적 측면에서 보았을 때는 아버지는 아들을 자기 몸보다 소중히 여겨야 한다"는 말로 간단히 표현할 수 있다. 그런데 아들을 죽일 의지와 이러한 부자간의 사랑은 양립할 수 없다. 요하네스가 아브라함의 동인으로 든 "부조리의 힘"을 빌린다고 하더라도 이는 불가능한 일이다. 그는 아브라함의 행동 뒤에 숨은 이유를 도무지 이해할 수가 없었다.

이제 행동에 나서야 할 시간이군.

요하네스는 당혹감을 넘어 분노를 표출하기도 했다. 그는 "아브라함은 살인 미수로 고발되고 처벌받아야 마땅한데 오히려 믿음의 아버지로 칭송받으며 영광을 누리고 있다"며 아브라함에 대한 반감을 드러냈다. 그는 많은 이들이 "아브라함은 신을 향한 믿음과 사랑으로 자신이 가진 최고의 것을 바쳤다"고 흔히 오해한다며, 그들이 바로 이 오해 때문에 아브라함을 존경한다고 말했다.

신도들 앞에서 유려한 말로 이 잘 못된 해석을 늘어놓는 어떤 목사가 있다고 상상해보자. 그의 설교에 감동한 신도 한 명이 집으로 돌아가 하나님께 바친다며 아들을 죽인다. 살인이 일어난 후 일요일이 되어 다시 신도들은 교회에 모이고, 목사는 아들을 죽인 신도의 빈자리에 대고 외친다. "그대 비열한 자여, 그대

사회의 쓰레기여, 도대체 그 어떤 악마가 그대를 사로잡았기에 아들을 죽이려 든단 말인가?" 요하네스에 따르면 이 목사는 아브라함에게도 똑같은 태도를 **취해야 한다.** 요하네스는 믿음이 "아들을 살해하려는 의지를 신성한 행동으로 만들 수 있는지" 묻는다,

이 질문의 답이 '아니다'라면 아브라함은 변명의 여지가 없는 죄인이다. 답이 '그렇다'라면 우리는 결코 이해할 수 없는 역설에 마주하게 된다. 키르케고르에게 믿음은 이러한 역설이었다. 그럼 이제 믿음의 부정적인 측면이었던 '무한한 체념의 운동'에 대한 이야기는 이쯤 하고, '믿음의 운동'에 대한 이야기로 넘어가보자.

키르케고르에 따르면 아브라함은 '무한한 체념의 운동'으로 모든 것을 잃었고, '믿음의 운동'을 통하여 새로운 방식으로 모든 것을 다시 얻었다. 아브라함은 이 행동으로 '믿음의 기사'가 되었다. 그는 신의 오래전 언약을 믿었고, 그러므로 신이 자신에게 이삭의 희생을 요구할 리 없다고 생각했다.

신이 이삭의 목숨을 요구하지 않을 거라는 아브라함의 믿음은 부조리한 힘에 의한 것이었는데, 이것은 인간적인 계산의 문제가 아니었기 때문이다. 이삭의 목숨을 요구하신 신이 바로 다음 순간에 그 요구를 취소한다면 그야말로 부조리한 일이었다. 아브라함은 산을 올랐다. 칼이 번뜩이는 그 순간에도 아브라함은 신께서 이삭을 요구하지 않을 거라는 믿음을 지니고 있었다. … 그의 믿음은 부조리한 힘에 의한 것이었는데, 인간적인 생각은 이미 오래전에 멈추었기 때문이다.

요하네스는 아브라함의 부조리함을 이해할 수가 없었다. 여기서 말하는 부조리함은 단순히 이삭을 되찾으리라는 아브라함의 믿음이 아니다. (아브라함의 입장에서는 어차피 신의 언약이 있었으니 말이다.) 요하네스가 본 부조리함은 아브라함의 행동에 나타난 이중성이다. 아브라함은 무한한 체념으로 이삭을 포기하면서도 **그와 동시에** 이삭을 포기하지 않아도 될 것이라고 믿었다. 아브라함은 절대 양립할 수 없는 두 가지 생각을 동시에 하며 상반되는 두 개의 믿음을 바탕으로 행동했던 것이다. 요하네스가 보기에 아브라함의 행동은 그저 이해할 수 없는 행동이 아닌 광기 어린 행동이다. 그는 실제로 서슴없이 아브라함을 광인이라 비난한다. "인간적으로 말해서 아브라함은 제정신이 아니며, 그의 행동은 누구도 이해할 수 없다. 그를 광인이라 불러도 결코 가혹한 표현은 아닐 것이다."

그러나 요하네스를 놀라게 한 것은 아브라함의 광기 그 자체가 아니었다. (어차피 세상에는 미친 사람이 **많지** 않은가?) 요하네스가 놀랍게 생각한 것은 아브라함이 바로 그 광기에 힘입어 '믿음의 아버지'가 되었다는 점이었다. 아브라함은 뭐라 형언할 수 없는 방식으로 신과의 절대적인 관계를 형성하고, 그로 말미암아 위대해진다. 요하네스는 다음과 같이 아브라함의 광기를 찬양했다.

아브라함은 누구보다 위대했다.
그는 무력함을 능력 삼은 힘으로 위대했고,
어리석음을 본질로 한 지혜로 위대했고,
광기의 모습을 한 희망으로 위대했으며,
자신을 증오한 사랑으로
위대했다.

키르케고르는 플라톤의 표현을 빌려 아브라함의 상태를 '신성한 광기'라고 표현
했다. 키르케고르는 아브라함의 광기를 비난하지 않고 오히려 장려한다. 물론
그가 장려한 것은 '광기'가 아닌 '신성함'이다. 아브라함은 인간의 이해를 받을
수 없는 존재인지 몰라도 신의 이해를 받았다. 아브라함은 "신성한 언어로 이야
기했으며, 방언으로 이야기했다."

《두려움과 떨림》을 읽는 일부 독자들은 가상의 저자인 요하네스 데 실
렌티오가 기독교도가 아니라는 점 때문에, 키르케고르가 아브라함의
상태를 '신성한 광기'라고 부른 것에 별 의미가 없다고 말할 수도 있다.
아브라함의 행동이 광기로 보이는 것은 요하네스가 기독교도가 아니기
때문이라고 주장할 수도 있다. 앞서 말한 바와 같이 비신자의 입장에서
는 당연히 그의 행동이 제정신이 아닌 것으로 보인다. 하지만 과연 기
독교도의 눈에는 아브라함의 행동이 지극히 정상으로 보이는 걸까?

요하네스는 그럴 가능성은 없다고 강력하게 주장한다.
다음은 그의 입을 빌린 키르케고르의 주장이다.

> 믿음은 이러한 역설이다.
> 인간은 타인에게 자신을 이해시킬 수 없다.
> 사람들은 흔히 같은 상황에 처한 사람들끼리는
> 서로 이해할 거라 착각한다. … 그러나 믿음의
> 기사가 다른 이들이 믿음의 기사가 되게끔 도울 수
> 있는 방법은 없다. 믿음의 기사가 되기 위해서는
> 자신이 직접 역설의 무게를 짊어져야 하며,
> 그 외에는 방법이 없다. 믿음의 기사가
> 되는 길에 동반자는 없다.

한 믿음의 기사가 다른 믿음의 기사와 소통하는 것은 불가능하다. 오직 신만이 기사의 광기가 신성한 것인지 사악한 것인지 판단할 수 있기 때문이다. 겉모습만으로는 둘 중 어떤 것인지 구분할 수가 없다. 키르케고르가 말하는 '믿음의 기사'는 모리아 사막에 '완벽하게 고립'될 수밖에 없다. 키르케고르가 제시한 종교적 실존의 기준은 이렇게나 혹독했다. 혹자는 그가 사람들을 종교적 영역으로 끌어들이기는커녕 멀리 몰아냈다고 비판하지만, 아마 키르케고르는 별로 개의치 않을 것이다. 말만 듣고도 겁이 나서 떨어져 나간 사람은 애초에 종교적 영역에 있을 자격이 없다고 생각했을 테니 말이다.

후기

우리는 '믿음의 기사'로서의 아브라함에 대한 얘기를 살펴보았다. 그렇다면 키르케고르가 살았던 시대의, 혹은 우리가 지금 살고 있는 시대의 믿음의 기사는 어떤 모습일까? 키르케고르는 (급진적인 자신의 주장을 조금 완화하려는 듯) 요하네스의 입을 빌려 우리가 "믿음의 기사를 알아보는 것은 불가능하다"고 말한다. 어쩌면 우리 주위의 모든 이가 믿음의 기사일 수도 있다. 그들은 평범한 모습으로 주변에 자연스럽게 섞인다. 우편배달부일 수도, 상점 주인일 수도, 세금징수원일 수도, 옆집에 사는 십대 소녀일 수도 있다. 겉으로 보기에는 남들과 다를 것이 없지만, 이들은 아마 무한한 체념으로 자신이 가진 모든 것을 한번 잃은 후 믿음의 힘으로 다시 되찾은 사람들일 것이다. 그들은 이 세상에 살고 있지만 세속을 넘어선 존재다. 아마 그중 한 명은 쇠렌 오뷔에 키르케고르라는 이름의 괴팍한 작가였을 수도 있다. 키르케고르는 무한한 체념으로 자신의 진정한 사랑인 레기네 올센을 잃었지만, 언젠가는 그녀를 되찾을 수 있을 거라고 '부조리의 힘으로' 믿었을 수도 있다.

세상에 살지만 세속을 넘어선 이

《두려움과 떨림》을 집필했던 시절까지만 해도 키르케고르는 그렇게 믿었던 것 같지만, 시간이 흘러 일기장에 '만약 내게 믿음이 있었다면 난 레기네 옆에 남을 수 있었겠지'라고 썼을 때쯤 돼서는 그녀를 되찾으리란 기대를 버렸던 것 같다. 평생 간접 전달법을 고수했던 키르케고르는 말년에 그 방식을 버리고 덴마크 교회의 경박함을 직접 비판하기 시작했다. 그는 '믿음의 기사'가 군중 속에 섞여 남아 있을 수 있다는 생각을 버리고 거리로 나섰다. 이 진정한 믿음의 기사는 코펜하겐의 거리에서 종교 전단지를 나눠주며 힘차게 전진해 나갔고, 패배 속에서 승리했다. 마치 라만차의 사막에서 풍차를 향해 돌진했던 또 다른 믿음의 기사처럼.

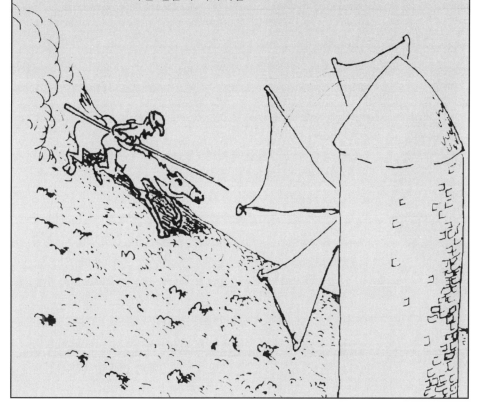

용어 해설
Glossary

별표(*)가 붙은 용어는
〈용어 해설〉내의
다른 연관어를 상호
참조할 수 있습니다.

간접 전달법 Indirect Communication **'주관적 진리'***를 전달하는 유일한 방법. 키르케고르는 철학적 **반어법***과 가명의 작가들을 통해 독자들의 예측을 산산이 부수고 독자 스스로 주체적 진리를 세울 수 있는 터를 닦는 데 열중했다. ☞《철학적 단편에 대한 결론으로서의 비학문적 후서》참조.

객관적 진리 Objective Truth 한 명 이상의 사람이 공통적으로 적용할 수 있는 테스트나 기준이 존재하는 진리를 말한다. 예를 들어 수학이나 과학, 역사적 진리가 여기에 해당된다. 키르케고르는 모든 지식에는 믿음의 요소가 있기 때문에 완전히 객관적인 진리는 없다고 믿었지만, 어쨌든 **주관적 진리***와는 확연히 구분되는 개념이다. 객관적 진리는 주장의 **내용**을 중시하며, 주관적 진리는 주장에 대한 개인의 반응을 중시한다. 키르케고르는 수학, 과학, 역사 등의 분야에는 객관적 진리가 존재한다고 인정했으나, 이러한 진리는 인간의 실존과 '본질적으로 무관'하다고 믿었다. 실존의 관점에서는 전혀 중요하지 않은 지식이라고 본 것이다. ☞《철학적 단편에 대한 결론으로서의 비학문적 후서》참조.

결정론Determinism **자유***를 부정하고 인과관계로 말미암은 필연을 강조하는 이론. 스키너의 행동주의와 마르크스의 **변증법***적 유물론은 결정론적 관점을 담고 있다. 마르크스는 유물론에서 역사의 법칙과 경제가 우리의 삶을 결정한다고 보았다. 결정론적 관점은 인간의 행동이 통제 불가능한 무의식적 동인으로 결정된다고 본 프로이트의 정신분석학에서도 찾아볼 수 있다. 자유를 가장 기본적인 요소로 보았던 키르케고르는 물론 결정론에 반대했다.

경건주의^{Pietism} 개개인의 죄에 대한 깨우침과 독실한 신앙생활을 강조한 **루터교*** 근본주의의 한 형태. 키르케고르의 아버지인 미카엘은 경건주의 전통이 강한 사회에서 자랐다.

고뇌^{Anguish} ☞ **불안**^{Dread} 참조.

공관 복음서^{Synoptic Gospels} 신약의 첫 세 복음서(마태복음, 마가복음, 누가복음)을 뜻하며 예수님의 마지막 4~5일 간의 행적과 가르침을 보고 직접 기록한 내용을 담고 있다. 상세한 내용이나 강조점들이 조금씩만 다를 뿐, 많은 부분 일치한다는 특징이 있다. 키르케고르는 공관 복음서를 가장 많이 인용했으며, 그 외 성 바울의 서간과 구약에서도 영감을 받았다.

근심^{Anxiety} ☞ **불안**^{Dread} 참조.

기독교^{Christianity} 예수가 신의 아들이라는 사실과 예수의 신성을 믿고, 그의 삶을 본받아 기독교적 윤리 규범대로 살면 신의 심판을 거쳐 영생을 얻게 된다는 교리를 믿는 여러 종파를 뜻한다. 그러나 키르케고르에게 기독교는 단순한 교리가 아닌 **부조**

리*한 **믿음***에 기반을 둔 '영성', '내면성/
내부성', '치유'의 한 형태였다. 그는 이러한
믿음은 집단으로서는 절대 얻을 수 없고
개인의 노력으로만 얻을 수 있다고 믿었으
며, 믿음을 성취함으로써 열정적인 자아와
영원한 의식의 진실성을 얻을 수 있다고
믿었다. ☞《기독교의 훈련》 참조.

기독교 왕국^{Christendom} 키르케고르는 진정
한 **기독교***를 곡해하고 현실에 자족적으로
안주하며 허례허식만 챙기는 당시 덴마크

교회의 모습을 가리켜 경멸적인 의미로 기독교 왕국이라 표현했다. ☞《기독교 왕국 비판》참조.

도약Leap 한 인간이 불현듯 예전의 자아를 뒤로하고 한 실존 영역(예: **윤리적 영역***)에서 다른 실존 영역(예: **종교적 영역***)으로 나아가는 열정의 순간. 이 도약을 위해서는 기존의 모든 이성적 기준을 뒤로해야 하기 때문에 '**부조리***의 힘'이 필요하다. 키르케고르는 이를 설명하며 작자 미상의 독일 시 〈영원으로의 복된 도약〉을 인용했다.

동일률Law of Identity 논리학의 창시자인 아리스토텔레스가 세운 세 가지 기본 법칙 중 하나. 'X(여기서 X는 모든 것을 뜻한다)는 그 자체와 동일하다'를 원칙으로 한다. 예를 들어 '아테네에 비가 온다'는 사실은 '아테네에 비가 온다'는 사실과 동일하다. 아리스토텔레스에 따르면, 만약 논리학의 3원칙이 거짓이라면 그 무엇도 참이 될 수 없다. 그러나 키르케고르는 헤겔이 이 원칙을 없애고 그 자리에 **변증법***적 논리를 세우려 한다고 생각했다.

루터교Lutheranism 마르틴 루터의 가르침에 기반을 둔 개신교 운동. 가톨릭 수사였던 루터는 어느 날 비텐베르크 성당 정문에 종교 개혁을 요구하는 95개 조항의 논제를 내걸며 가톨릭과의 결별을 선언했다. 그가 요구한 조항에는 면죄부 제도 철폐, 성직자 부패 근절, 교회 권력 남용 처벌 등이 포함되어 있었다. 그는 결국 교황의 정당성을 부정하고 당시의 교황을 악마라고 비난했다. 루터는 성직자 서열을 폐지하고 수녀와 결혼했으며, 소작농들도 읽을 수 있도록 성경을 쉬운 언어로 번역했다. 루터교는 키르케고르 시대 덴마크의 국교였으나, 키르케고르는 루터교가 진정한 **기독교***의 길을 벗어났다는 결론을 내렸다. ☞《기독교 왕국 비판》참조.

모순율Law of Non-Contradiction 아리스토텔레스의 세 가지 논리 법칙 중 하나. (**동일률***과 **배중률***도 참조할 것.) 모순율에 따르면 Y가 X인 것이 참이면서 동시에 Y가 X인 것이 참이 아닐 수는 없다. 예를 들어 아테네에 '비가 오면서' 동시에 '비가 오지 않을' 수는 없다.

무리수Surd 귀머거리를 뜻하는 라틴어 단어인 surdus에서 왔으며, 모든 분석이 끝난 후에도 남아 있는 표현하기 어려운 형질이나 비이성적인 잔여물을 의미한다. '~로부터'를 의미하는 접두사 ab가 붙어 'ab-surd'라는 단어가 되면 대략 '말할 수 없는, 혹은 들을 수 없는 것으로부터'라는 의미가 된다. 키르케고르에게 실존은 '무리수'와 같은 것이었다.

무한한 체념의 기사 Knight of Infinite Resignation 자아를 회복하는 철학적 행동으로서 유한한 세상의 모든 것을 포기하는 사람을 일컫는 용어. 무한한 체념의 운동을 통하여 세속을 포기한 체념의 기사는 지금까지 자신에게 미쳤던 세상의 힘을 물리치고 스스로 자아를 세울 수 있는 힘을 가지게 된다. **믿음의 기사***의 이전 단계이기도 하다. ☞《두려움과 떨림》참조.

믿음Faith ☞ **믿음의 기사**Knight of Faith 참조.

믿음의 기사 Knight of Faith '**무한한 체념**'*을 통하여 유한한 세상을 상실하는 동시에, 부조리*의 힘을 빌린 믿음의 행동을 통해 상실했던 모든 것을 다시 찾은 사람을 뜻하는 용어. 믿음의 기사는 이러한 행동을 통하여 곧바로 **종교적 영역***에 진입하게 된다. ☞《두려움과 떨림》참조.

반어법Irony 키르케고르의 사상에서 반어법은 **간접 전달법***과 밀접하게 연관되어 있다. 반어법은 전달하고자 하는 메시지의 내용과 표현이 서로 일치하지 않는 표현법을 의미하며, 가끔은 문자 그대로 의미하는 바를 정반대로 표현하는 경우도 있다. 시어, 모순어, 패러디, 비꼼, 축소, 과장 등이 사용되며, 가끔은 겉으로 드러난 의미를 거꾸로 해석해봐야 하는 거짓을 활용하기도 한다. 키르케고르의 가명 저작은 모두 반어법을 활용하기에, 있는 그대로의 의미로 보기보다는 해석이 필요하다. (그렇기 때문에 키르케고르에 대해서는 이 책에 소개된 것과 매우 다른 타당한 견해도 존재할 수 있다.) ☞《아이러니의 개념》참조.

배중률Law of the Excluded Middle 아리스토텔레스의 세 가지 논리 법칙 중 하나. (**동일률***과 **모순율***도 참조할 것.) 배중률에 따르면 X는 X이거나 X가 아니거나 둘 중 하나일 수밖에 없으며, 그 중간은 불가능하다. 예를 들어 '아테네'와 '비'의 의미에 모두가 동의했다는 가정 하에 아테네에는 '비가 오거나' 혹은 '비가 오지 않거나' 둘 중 하나만 가능하며 제3의 가능성은 존재하지 않는다.

변증법Dialectic 모든 개별적인 생각, 사물, 인간, 사건, 시대 등은 스스로의 '타자성 otherness'과 상호 의존과 반목을 거치며 정의된다는 헤겔의 이론이다. 타자와의 관계에서 나타나는 모순은 '매개'를 통하여 통합에 이른다. 키르케고르와 헤겔 변증법의 관계는 한마디로 애증의 관계라 볼 수 있다. 그는 변증법을 즐겨 사용하면서도 '매개' 개념은 거부했다. **자유***와 선택('이것이냐 저것이냐')을 논하는 키르케고르의 사상에서는 늘 반대되는 요소가 생겨날 수밖에 없는데, 그는 매개가 아닌 헌신과 믿음('부조리의 힘')을 통해서만 이를 극복할 수 있다고 믿었기 때문이다.

보편성the Universal 키르케고르는 적어도 두 가지 의미에서 이 단어를 사용했다. 첫째로, 언어를 설명하며 말한 '보편성'은 실제 경험에 비하여 필연적으로 추상적일 수밖에 없는 (그렇기 때문에 경험으로부터 멀어질 수밖에 없는) 언어 안에 포함된 일반적인 개념을 의미한다. 예를 들어 모든 개별적인 나뭇잎은 서로 다르지만 이를 설명하기 위해서는 명사, 동사, 형용사, 부사 등의 단어가 필요하다. 아무리 자세히 말해보았자 우리가 언어를 사용할 때는 각각의 나뭇잎이 지닌 차이를 억누르고 모든 잎이 공통적으로 지닌 추상적인 특징을 찾아내게 된다. 결과적으로 늘 추상적이고 보편적인 성질을 띤 언어와 사유는 우리를 구체적인 실제 경험으로부터 소외시키게 된다. ☞ 《요하네스 데 클리마쿠스》 혹은 《모든 것을 의심하라》 참조.

둘째로, 도덕을 설명하며 말한 '보편성'은 칸트와 헤겔의 이론에서 사용된 표현으로, 큰 반박 없이 일반화될 수 있는 행동을 의미한다. (예를 들어, 정직은 보편화될 수 있지만, 거짓말을 하는 행위는 보편화될 수 없다. 모두가 늘 거짓말을 한다는 가정은 논리적으로 불가능한데, 모두가 늘 거짓말을 한다면 거짓말은 존재할 수 없기 때문이다.) 여기까지는 칸트의 이론이며, 헤겔의 이론에서는 또 의미가 다르다. 헤겔은 '보편성' 달성은 모든 개인의 도덕적 목표이며, 이를 달성하기 위해서는 가족, 사회, 국가, 인류 등 더 높은 선을 위하여 개별성을 억눌러야 한다고 주장했다. '윤리적인 것의 목적론적 정지'가 정당화될 수 있느냐는 키르케고르의 물음은 순전히 개인적인 (그러므로 이해하기 힘든) 목적을 위하여 보편성을 억누르는 것을 정당화할 수 있는지에 대한 물음이다. ☞《두려움과 떨림》참조.

부조리^{Absurd} 키르케고르의 종교적 영웅 아브라함은 이성으로는 이해할 수 없는 '부조리의 힘으로' 행동한다. 아브라함의 '이성적인' 이유가 바닥나는 순간, 믿음이 그 자리를 채운다. 키르케고르에 따르면 모든 실존적 결단은 **자유***와 **믿음***이 동시에 작동하는 것이므로 부조리할 수밖에 없으며, 이러한 결단은 모든 합리성의 체계를 초월한다. ☞《두려움과 떨림》참조.

불안^{Dread}(번역에 따라서는 **고뇌**^{Anguish} 혹은 **근심**^{Anxiety}) 의식과 자아의 기반이 되는 복잡한 정신적 상태. 키르케고르에 따르면 불안은 스스로의 **자유***에 대한 두려움이며 무에 대한 두려움이다. (자유는 지금은 실존하지 않는 무언가를 만들어낼 수 있는 능력을 지녔기 때문이다.) 불안은 또한 두려워하는 것에 대한 욕망이며, 욕망하는 것에 대한 두려움, 즉, '공감적 반감이며 반감적 공감'이다. 다시 말해, 불안은 죄이며, 아담과 이브의 경우 특히 그러하다. ☞《불안의 개념》참조.

수도원주의^{Monasticism} 세상의 유혹을 뿌리치기 위한 중세식 해법. 수사나 수녀들은 외딴 수도원이나 수녀원의 높은 벽 뒤에 숨어 세상과 단절된 채 엄격한 규율에 따른 생활을 했다. 세속에 대처하는 키르케고르식 해법은 이와 달랐다. 키르케고르가 내놓은 해법은 **믿음***과 **무한한 체념***의 '이중적 운동'이었다. (적어도 삶의 어느 시점까지는 그렇게 믿었다.) '믿음의 기사'는 사람들 속에서 생활하며, 아브라함도 자신의 마을로 돌아갔다. 키르케고르는 어땠을까? 그는 코펜하겐의 호화로운 공동주택에 살았다.

신성한 광기^{Divine Madness} 플라톤의《파이드로스》에서 소크라테스가 "신들의 가장 위대한 축복은 광기를 통하여 온다"고 말한 부분에서 등장하는 표현이다. 이 표현은 키르케고르의 일기와 더불어 여섯 권 이상의 저서에 등장한다. '신성한 광기'라는 개념이 가장 자세히 등장하는 책은《두려움과 떨림》인데, 키르케고르는 책에서 아브라함의 **믿음***을 '신성한 광기'에 비유하고 이에 상반되는 개념으로 '사악한 광기'를 소개했다.

신약New Testament 초기 **기독교*** 교회가 유대 성서(즉, 구약)에 덧붙여 쓴 일련의 문헌을 뜻한다. 신약에는 네 편의 복음서(마태복음, 마가복음, 누가복음, 요한복음)와 사도행전(예수의 승천 후 베드로, 요한, 스데반, 바울의 행적을 담음), 사도서간(성 바울이 지중해 유역의 다양한 기독교 공동체에 보낸 편지), 요한계시록(세상의 종말에 대한 예언) 등이 수록되어 있다. 기독교인들은 신약이 나사렛의 예수가 그리스도라는 점을 보여준다고 믿으며, 그가 구약에 등장하는 구세주라고 믿는다.

실존주의Existentialism 1940년대 철학가인 사르트르가 자신의 사상을 설명하기 위하여 만든 용어다. 사르트르는 '실존주의의 아버지'라고 불리는 키르케고르가 남긴 많은 저서의 영향을 받았다. 실존주의는 급진적인 자유, 책임, 자아창조, 개별주의, 주체성, 헌신 등의 요소를 강조했다. 키르케고르가 **'간접 전달법'***과 **'반어법'***을 중시했던 탓에 그의 추종자 중에는 소설가(사르트르, 시몬 드 보부아르, 알베르 카뮈, 미겔 데 우나무노)나 극작가(우나무노, 가브리엘 마르셀)가 많았으며, 철학이나 과학 자체보다는 시적 담론을 중시하는 이들(마르틴 하이데거, 우나무노)도 많았다. 표도르 도스토옙스키나 프란츠 카프카 같은 작가들은 실존주의 작가로 분류된다.

심미적 영역 Aesthetic Sphere 추론, 인지, 행동의 동기, 사회화 등을 포함한 모든 세계관이 오직 감각주의에만 의존하는 실존의 영역. ☞《이것이냐 저것이냐》참조.

심미주의Aestheticism 모든 행동의 동기가 감각적 자극 혹은 쾌락인 생활 방식을 뜻한다. ('인식' 혹은 '지각'을 뜻하는 그리스어 단어에서 유래했다.) 키르케고르는 이러한 생활 방식은 궁극적으로 동물들이 따르는 생물학적 방식이므로 인간 이하의 생활 방식이라 보았다. 그는 영적인 형태의 감각주의를 추구하는 고상한 심미주의조차도 결국에는 권태, **절망***, 죽음에 대한 열망으로 이어질 수밖에 없다고 보았다. ☞《이것이냐 저것이냐》참조.

윤리적 영역 Ethical Sphere 추론, 인지, 행동의 동기, 사회화 등을 포함한 모든 세계관이 오직 윤리를 위한 헌신에만 의존하는 실존의 영역이다. 이 영역에 들어온다는 것은 **보편화***할 수 있는 도덕적 규

종말이 가깝이 왔다.

칙에 따라 자신을 평가하겠다는 결정이며, 자기완성을 위하여 노력하고 한 사람 이상의 타인에게 절대적으로 헌신하겠다는 약속이다. (키르케고르의 가명의 저자 중 한 명은 '나는 그녀(아마도 레기네?)를 통하여 모든 인간에 대한 공감을 느낀다'고 말했다.) ☞《이것이냐 저것이냐》참조.

윤리적인 것의 목적론적 정지 Teleological Suspension of the Ethical 보다 높은 목적을 이루기 위해서 **보편적인*** 윤리의 요구를 무시하는 것. 키르케고르는 과연 이러한 도덕적 의무의 정지를 정당화할 수 있는지에 대한 질문을 던졌다. 성경에 등장하는 우리 모두의 아버지, 아브라함에게 하나님이 바로 이러한 윤리의 정지를 요구했기 때문이다. 키르케고르의 걸작인《두려움과 떨림》은 바로 이 질문에 대한 키르케고르의 역설적인 답변이다.

자기기만Bad Faith 키르케고르의 까다로운 추종자였던 20세기 철학자 장 폴 사르트르가 만든 철학적 용어다. 자기기만에 빠진 사람은 자신의 **자유***, 책임, **고뇌***를 부정하고 이로부터 회피하려는 역설적인 시도를 하지만 결국 실패하고 만다.

자유Freedom 키르케고르 철학의 핵심 요소지만 상반되는 두 개념으로 사용된다. 우선 실제 선택의 여지('이것이냐 저것이냐')가 존재하는 경우의 자유가 있다. 이 경우 자유는 가능성possibility에 해당하기 때문에 현실성actuality 혹은 필연necessity과 반대된다. 다른 한 가지는 개인이 선택한 원칙에 대한 열정적인 헌신으로서의 자유, 즉, '이것이냐 저것이냐'의 결정이 끝난 후 이를 행동으로 옮기는 자유다. **심미주의자***들의 오류는 자유를 무한한 가능성에서만 찾고 열정적인 헌신 안에서는 찾지 않는다는 점이며, 모든 가능성을 무한히 열어둠으로써 '이것인지, 저것인지'에 대한 선택권을 포기하는 것이다. ☞《이것이냐 저것이냐》참조.

절망Despair 절망은 **믿음***의 반대이며, 자신의 진정한 자아가 되려는 의지와 희망을 상실한 상태이다. 절망이 자아소멸의 욕구로 이어진다는 점에서 키르케고르는 이를 '죽음에 이르는 병'이라 불렀다. ☞《죽음에 이르는 병》참조.

종교적 영역 Religious Sphere 추론, 인지, 행동의 동기, 사회화 등을 포함한 모든 세계관이 오직 신성함에 대한 헌신에만 의존하는 실존의 영역이다. 키르케고르는 《철학적 단편에 대한 결론으로서의 비학문적 후서》에서 이 영역을 다시 '종교성 A'와 '종교성 B'로 나눈다. 종교성 A는 모든 종교가 공통적으로 지닌 요소를 지키는 종교적 삶이며, 종교성 B는 키르케고르가 진정한 **기독교***란 이래야 한다고 믿었던 역설의 종교에 해당한다. 종교성 B는 종교성 A를 전제하지만, 그 반대는 성립할 수 없다. ☞ 《철학적 단편에 대한 결론으로서의 비학문적 후서》, 《두려움과 떨림》 참조.

주관적/주체적 진리 Subjective Truth 이것을 위해서라면 목숨도 걸 수 있다는 개인적 진리를 뜻한다. 이는 사실보다는 가치에 대한 진리, 혹은 사실과 가치 양쪽 모두에 기반을 둔 진리다. '객관적 진리'와는 달리 주장의 진위 여부를 확인할 수 있는 공통된 기준이 없으며, 오직 간접적인 방법으로만 전달할 수 있다(**간접 전달법*** 참조). 주관적 진리는 각자가 직접 깨달아야 하기 때문이다. ☞ 《철학적 단편에 대한 결론으로서의 비학문적 후서》 참조.

중용Golden Mean 덕행을 추구하는 아리스토텔레스의 이상이었던 '중용'은 결핍과 과잉의 중간에 놓인 덕의 길이라고 볼 수 있다. 예를 들어, 적과 마주쳤을 때 결핍은 비겁함이고 과잉은 무모한 공격일 것이다. 이 경우 중용은 용기다. 그러나 덕의 길은 실험적이기 때문에 수학적 공식을 통해서 찾을 수는 없다. 진정한 자아를 찾는 키르케고르의 여정 또한 이와 비슷하게 실험적이었다.

쾌락주의Hedonism 쾌락을 가장 높은 가치로 보는 철학. 기원전 3세기 철학자인 에피쿠로스와 17세기 철학자인 토마스 홉스의 철학이 대표적이다. 키르케고르의 **심미주의자들***은 쾌락주의자이기도 하다. ☞ 《이것이냐 저것이냐》 참조.

행동주의Behaviorism 존 왓슨과 그의 제자인 B. F. 스키너의 연구를 바탕으로 한 20세기 심리학 이론이다. 행동주의자들은 인간의 모든 활동은 신체의 움직임(즉, 행동)만을 대상으로 연구해야 한다고 믿었다. 키르케고르의 주장은 겉으로 나타나지 않는 인간 내면('**주체성**'*, '내면성' 등)의 중요성을 강조했다는 점에서 매우 반행동주의적이라고 볼 수 있다. 일례로 '**믿음의 기사**'*는 내부적으로 남들과 철저히 다르지만, 외부적 행동을 관찰하는 것만으로는 그 차이를 파악할 수 없다. 물론 키르케고르가 공격의 대상으로 삼은 것은 자기보다 훨씬 더 나중에 활동했던 왓슨이나 스키너가 아니었다. 그의 공격 대상은 "외면은 내면이고, 내면은 외면이다"라고 주장했던 헤겔이었다.

참고문헌

I. 키르케고르의 주요 저서

대괄호 [ ] 안에 표기된 연도는 덴마크판 출간 연도입니다.
별표(*)가 붙은 저자명은 키르케고르의 필명입니다.

《아이러니의 개념 *The Concept of Irony*》. Trans. Lee
M. Capel, Bloomington, Indiana: Indiana University
Press, 1968. [1841.]

《이것이냐 저것이냐 *Either/Or*》, Vols. I & II. Trans.
David F. Swenson and Lillian Marvin Swenson,
Garden City, N.Y: Doubleday Anchor Books, 1959.
[1843, edited by Victor Eremita*, Vol. I written by "A,"
* Vol. II written by "B," a.k.a. Judge Wilhelm.*]

《이것이냐 저것이냐 *Either/Or*》. Trans. Howard V.
Hong and Edna H. Hong, Princeton, N.J.: Princeton
University Press, 1987.

《두려움과 떨림 *Fear and Trembling*》 (with The
Sickness unto Death). Trans. Walter Lowrie, Garden
City, N.Y: Doubleday Anchor Books, 1954.
[1843, Johannes de silentio*]

《두려움과 떨림 *Fear and Trembling*》 (with Repitition).
Trans. Howard V. Hong and Edna H. Hong, Princeton,
N.J.: Princeton University Press, 1983.

《두려움과 떨림 *Fear and Trembling*》. Trans. Alastair
Hannay, New York: Penguin Books, 1985.

《반복 *Repitition*》 (with Fear and Trembling). Trans.
Howard V. Hong and Edna H. Hong,
Princeton, N.J.: Princeton University Press, 1983.
[1843, Constantin Constantius.*]

《요하네스 클리마쿠스, 모든 것을 의심해야 한다 *Johannes Climacus, or De Omnibus Dubitandum Est.*》. Trans. T.H. Croxall, London: Adam & Charles Black, 1958. [1842–1843, published posthumously, Johannes Climacus.*]

《철학적 단편 *Philosophical Fragments*》. Trans. David Swenson and Howard V. Hong, Princeton, N.J.: Princeton University Press, 1967. [1844, Johannes Climacus.*]

《공포의 개념 *The Concept of Dread*》. Trans. Walter Lowrie, Princeton, N.J.: Princeton University Press, 1957. [1844, Vigilius Haufniensis.*]

《불안의 개념 *The Concept of Anxiety*》. Trans. Reidar Thomte and Albert B. Anderson, Princeton, N.J.: Princeton University Press, 1980.

《인생길의 여러 단계 *Stages on Life's Way*》. Trans. Walter Lowrie, N.Y.: Shocken Books, 1967. [1845, William Afham,* Judge Wilhelm,* Frater Taciturnus,* Quidam,* edited by Hilarius Bookbinder.*]

《두 시대 *The Present Age*》. Trans. Alexander Dru, New York: Harper Torch books, 1962. [1846] Concluding Unscientific Postscript. Trans. David F. Swenson and Walter Lowrie, Princeton, N.J.: Princeton University Press, 1960. [1846, Johannes Climacus.*]

《사랑의 행위 *Works of Love*》. Trans. Howard V. Hong and Edna H. Hong, New York: Harper Torchbooks, 1964. [1847]

《마음의 청결함은 하나를 원하는 것이다 *Purity of Heart Is to Will One Thing*》. Trans. Douglas V. Steere, New York: Harper Torch books, 1956. [1847]

《저자로서 나의 작품을 읽는 관점 *The Point of View for My Work as an Author*》. Trans. Walter Lowrie, ed. Benjamin Nelson, New York: Harper Torch books, 1962. [1848, published posthumously.]

《죽음에 이르는 병 *The sickness unto Death*》 (with Fear and Trembling). Trans. Walter Lowrie, Garden City, N.Y.: Doubleday Anchor Books. [1849, Anti-Climacus.*]

《죽음에 이르는 병 *The sickness unto Death*》. Trans. Howard V Hong and Edna H. Hong, Princeton, N.J .: Princeton University Press, 1980.

《기독교도의 훈련 *Training in Christianity*》. Trans. Walter Lowrie, Princeton, N.J.: Princeton University Press, 1944. [1850, Anti-Climacus.*]

《기독교도의 훈련 *Practice in Christianity*》. Trans. Howard V. Hong and Edna H. Hong, Princeton, N.J.: Princeton University Press, 1991.

《기독교 왕국 비판 *Attack upon Christendom*》. Trans. Walter Lowrie, Boston, Beacon Press, 1959. [1854-1855.]

《키르케고르의 일기 1834-1854 Th*e Journals of Kierkegaard, 1834-1854*》. Trans. and ed. Alexander Dru, London: Fontana Books, 1969.

《만년 일기 *The Last Years: Journals 1853-1855*》. Trans. and ed. Ronald Gregor Smith, London: Fontana Library, 1968.

II. 키르케고르 철학 선집

A. Kierkegaard Anthology. Ed. Robert Bretall, Princeton, N.J.: Princet on University Press, 1973.

III. 2차 참고문헌

Agacinski, Sylviane. *Aparte: Conceptions and Deaths of Søren Kierkegaard.* Trans. Kevin Mewmark, Tallahassee: Florida State University Press, 1988.

Collins, James. *The Mind of Kierkegaard.* Princeton, N.J.: Princeton University Press, 1983.

Gardiner, Patrick. *Kierkegaard.* Oxford: Oxford University Press, 1988.

Hannay, Alastair. *Kierkegaard.* London: Routledge and Kegan Paul, 1982.

Lowrie, Walter. *A Short Life of Kierkegaard.* Garden City, N.Y.: Doubleday Anchor, 1961.

Mackey, Louis. *Kierkegaard: A Kind of Poet.* Pittsburgh: University of Pennsylvania Press, 1971.

Malantschuk, Gregor. *Kierkegaard's Thought.* Princeton, N.J.: Princeton University Press, 1989.

McDonald, William. *Kierkegaard and Post-Modernism.* Tallahassee: Florida State University Press, 1989.

Mooney, Edward F., *Knights of Faith and Resignation: Reading Kierkegaard's Fear and Trembling.* Albany, N.Y.: State University of New York Press, 1991.

Perkins, Robert. *Kierkegaard's Fear and Trembling: Critical Appraisals.* Birmingham: University of Alabama Press, 1981.

Taylor, Mark C. *Kierkegaard's Pseudonymous Authorship: A Study in Time and the Self.* Princeton, N.J.: Princeton University Press, 1975.

Thompson, Josiah. *The Lonely Labyrinth: Kierkegaard's Pseudonymous Works.* Carbondale, il.: Southern Illinois University Press, 1967.

Thompson, Josiah, ed. *Kierkegaard: A Collection of Critical Essays.* Garden City, N.Y.: Anchor Books, 1972.

인용구 출처

출처 약어

AuC= **Attack upon Christendom.** Trans. Walter Lowrie, Boston: Beacon Press, 1959.

CoD= **The Concept of Dread.** Trans. Walter Lowrie, Princeton, N.J.: Princeton University Press, 1957.

CoI= **The Concept of Irony.** Trans. Lee M. Capel, Bloomington, Indiana: Indiana University Press, 1968.

CuP= **Concluding Unscientific Postscript.** Trans. David F. Swenson and Walter Lowrie, Princeton, N.J.: Princeton University Press, 1960.

E= **Either / Or, Vol. I.** Trans. David F. Swenson and Lillian Marvin Swenson, Garden City, N.Y.: Doubleday Anchor Books, 1959.

F&T= **Fear and Trembling.** Trans. Walter Lowrie, Garden City, N.Y.: Doubleday Anchor Books, 1954.

JC= **Johannes Climacus, Or De Omnibus Dubitandum Est. Trans.** T.H. Croxall, London: Adam & Charles Black, 1958.

Jok= **The Journals of Kierkegaard, 1834~1854.** Trans. and ed. Alexander Dru, London: Fontana Books, 1969.

O= **Either / Or, Vol. II.** Trans. David F. Swenson and Lillian Marvin Swenson, Garden City, N.Y.: Doubleday Anchor Books, 1959.

PoV= **The Point of View for My Work as an Author.** Trans. Walter Lowrie, ed. Benjamin Nelson, New York: Harper Torchbooks, 1962.

SuD= **The Sickness unto Death.** Trans. Walter Lowrie, Garden City, N.Y.: Doubleday Anchor Books, 1954.

왼쪽 페이지 수는 《키르케고르 실존 극장》의 출처를 가리키고, 오른쪽 페이지 수는 149쪽 인용
출처 목록 속의 키르케고르 저작물의 출처를 가리킵니다.

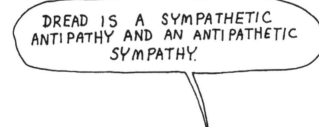

찾아보기

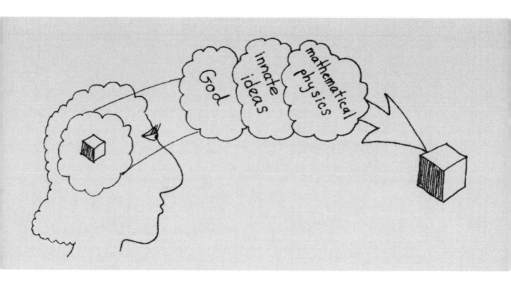

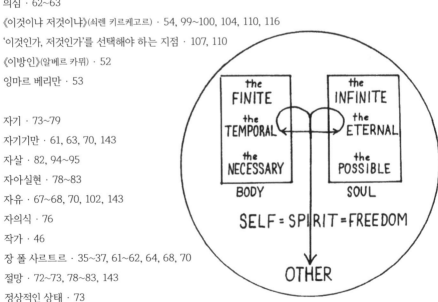

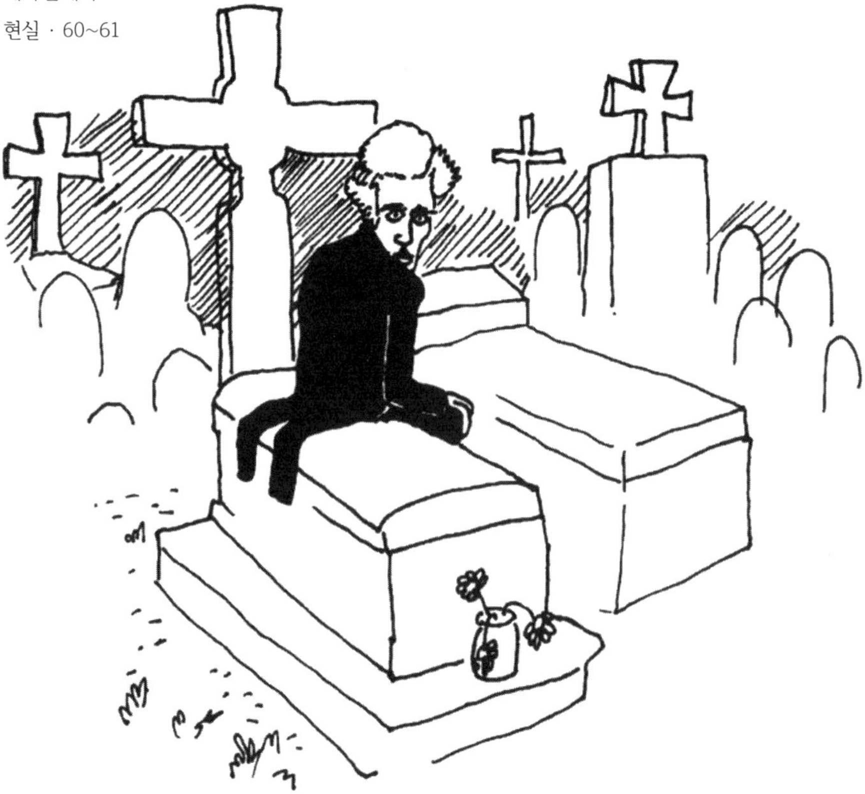

키르케고르 실존 극장

초판 1쇄 발행 ㅣ 2016년 5월 28일

지은이 ㅣ 도널드 파머
옮긴이 ㅣ 정영은
펴낸이 ㅣ 이은성
펴낸곳 ㅣ 필로소픽
편집 ㅣ 이채영, 이유송
디자인 ㅣ 이태인

주소 ㅣ 서울시 동작구 상도동 206 가동 1층
전화 ㅣ (02) 883-3495
팩스 ㅣ (02) 883-3496
이메일 ㅣ philosophik@hanmail.net
등록번호 ㅣ 제379-2006-000010호

ISBN 979-11-5783-044-2 03160

필로소픽은 푸른커뮤니케이션의 출판브랜드입니다.

이 도서의 국립중앙도서관 출판시도서목록(CIP)은 서지정보유통지원시스템 홈페이지(seoji.nl.go.kr)와
국가자료공동목록시스템(www.nl.go.kr/kolisnet)에서 이용하실 수 있습니다. (CIP제어번호: CIP2016011091)